偏愛ストラテジー

ファンの心に火をつける6つのスイッチ

クリエーティブ・ディレクター 石原夏子

実業之日本社

偏愛ストラテジー

ファンの心に火をつける
6つのスイッチ

石原夏子

実業之日本社

偏愛ストラテジー

目次

はじめに…7
いまどきマーケティングの悩み…8
ファンマーケティングが注目される背景にあること…10
多様化に真正面に取り組んでみるものの…13
ファンマーケティングでアプローチを変える…14
二十年のファン活動＝偏愛の歴史から見たファン心理…16
ファンの気持ちに火をつける6つのスイッチ…18

本題に入る前に読んでおいてほしいこと。ここ重要。…21
「送り手と受け手」…22
ファンとは、送り手の『次』に期待している人…24
送り手は変化を恐れないで。むしろ変化は絶対必要…27

第1章
最初の接点をどう作ればいいの？…34
回答：「よりそいスイッチ」を入れよう…36
マンガ よりそいスイッチの話…37
解説：よりそいスイッチとは人生のアップダウンによりそっていることである。…42

利便性や機能性よりも「私のことをわかっている」が偏愛につながる…46
どんな出会いをするか、どうやって生活に入り込むのか。…47
気持ちのアップダウンのタイミングを狙え…50
大げさに言うならば、気持ちによりそい、思い出を作ること…53
非日常でも日常にも、気持ちの機微は潜んでいる…56
まとめ…59

第2章

どうやったら偏愛が高まるのか？…62

回答：「特別扱いスイッチ」があります…64
マンガ　特別扱いスイッチの話…65
解説：特別扱いスイッチとは、ときにはスペシャルなコール＆レスポンスをすることである…70
普段からコール＆レスポンスは必要。ちゃんと真摯に回答する…72
ぐっと偏愛度をあげるためには、特別扱いをするスペシャルな体験が有効…75
スペシャルな体験のうち「あなただけ」は要注意…77
「あなただけ」あらため「あなただから」、レア度、一対一、人間くささ。…80
ファンは意外とシャイなのでブランド側から積極的な声かけを…82
まとめ…88

第3章

どうしたら偏愛を維持できるのか？……86

回答：「言霊スイッチ」があります……88
マンガ 言霊スイッチの話……89
解説：言霊スイッチはファンであることを表明させ、自覚させることである……94
「ファン未自覚期」に注意……96
言霊スイッチは「自他ともにファンだと認める」、ファン認定の決定打……97
言霊スイッチは、簡単には入らない……100
まずはファンだと言いやすい環境を作る……103
「〇〇な時」を作る・狙う……104
一番わかりやすいのは「新しい情報を自ら作る」……106
キャッチーな「言葉化」されているのも有効……108
言霊はネットで発動してもいい……111
まとめ……115

第4章

脱落を防ぐにはどうしたらいいのか？……116

回答：「仲間スイッチ」があります……118
マンガ 仲間スイッチの話……119

解説：仲間スイッチとは、ときにプレッシャーにもなるつながりを作ることである…124
長く続けると必ず直面する脱落率…125
誰にも言わない、誰も止めない「一人でこっそり好き」は、偏愛度が下がりやすい…127
偏愛脱落を防ぐ「仲間」には種類がある…130
仲間同士のつながりを積極的に仕掛けて作る…132
まとめ…137

第5章 どうしたら自走してくれるのか？…142

回答：「自分ごとスイッチ」を入れよう…144
マンガ 自分ごとスイッチの話…145
解説：自分ごととスイッチとはステークホルダーだと気づかせることである…150
複雑な気持ちをはらむ、このスイッチ…152
送り手も、ファンを「売る相手」「消費者」ではなく、「同士」ととらえる…154
ファンにはフィードバックを…157
フィードバックの進化形は「可視化」…158
まとめ…163

第6章 どうしたらファンを増やせるのか…164

回答：「拡散スイッチ」で拡げよう…166
マンガ　拡散スイッチの話…167
解説：拡散スイッチとは、ファンが能動的に参加し、広がっていくことである。…172
理想はファンがファンを呼ぶ状況…173
背景にあるのはコト消費へのシフト…175
コト消費のキモは「能動的参加感」…176
ライトからヘビーまで存在する「能動的参加」…181
参加させた次のステップは拡散（シェア）でファン予備群にリーチすること…183
拡散しやすい状況を作る…184
拡散は一方通行ではなく循環する…185
情報が循環すると発信元のファンの偏愛度もあがる…187
まとめ…189

Column ブランディング…60
Column SNSアカウントへの問い合わせにどう対応するのか？…85
Column ネットでよく見る「今日は何の日？」…105
Column ハッシュタグ…138

はじめに

いまどきマーケティングの悩み

この本を手に取ってくださったということは、あなたは何か企業や団体でマーケティング、あるいは広報・広告・宣伝を担当されているのでしょうか。あるいは起業家で事業のファンを増やしたいと思っている、あるいは個人としてファンを増やしたいと思っているのかもしれません。

いずれの場合も、**商品・サービス・コンテンツを提供していて、お客様とのつながり方を模索している**のだと思います。

そしてその活動はすべて「マーケティング」です。「マーケティング」は、狭い意味ではものの売り方や戦略を指しますが、広くとらえると**「何かを作り、世の中に送り出し、相手とつながっていく」**ことですので、皆さんが取り組んでいることにもマーケティングの考え方が参考になるはずです。広告や販促（これまた広くとらえて「コミュニケーション」と言うこともあります）も、「世の中にどう送り出すか」の領域ですので、マーケティングの一環としてこの本ではとらえています。

そしてこの本は、広い意味でのマーケティングに携わる方、言うなれば、商品・サービス・コンテンツの「送り手」の皆さんに読んでいただきたくて書きました。

私自身、広告会社に勤め、クライアント（広告主）の商品やブランドの情報の送り手として、どうやってコミュニケーションをするかを考える仕事に従事しています。

クライアントの皆さんからよく聞くのが「かつてのように売れなくなった」「今までと同じ広告では伝わらなくなった」「変えなきゃいけないのはわかっているけどどこを変えていけばいいのかわからない」ということです。

広告や販促の世界でも、以前のように「テレビCM作りましょう！」では済まない課題がたくさんあります（まあ、そんな時代はとっくのとうに終わっていますが）。広告だけで解決できることはさらに少なくなっているという実感があります。商品をどうとらえるか、お客様をどうとらえるかの発想を劇的に変えないと対応できなくなっています。

そのひとつの解決法として「ファンマーケティング」が今注目されています。**モノを売ること以上にどうお客様とつながるかに重きをおいた施策**、と言っても過言ではありません。売って終わりの一過性ではなく、ファン、つまり**きちんと愛してくださるお客様と濃くつながり、長くつながったほうがいいのでは**と送り手の意識がシフトしています。

ファンマーケティングが注目される背景にあること

すこし、教科書的な話をしますね。（面倒くさいな、という方は飛ばしてください）

日本の人口は減少傾向、高齢化が進み、右肩あがりでモノが売れる時代は終わりました。それにともなって、お客様の暮らし方も多様化しています。たとえば家族のカタチひとつをとっても、今まで「標準世帯（夫が働いて収入を得て、妻は専業主婦、子どもは2人の4人世帯）」と言われてきたカタチは、もう標準ではなく、現在では全世帯の約5％しかいません。むしろ「無業の一人世帯」（たとえば現役を引退されている高齢者の単身世帯など）のほうが多いのです。

下のデータを見るとこの四十年間でとても変わったのがわかります。１９８８年と比べるだけでも（平成の三十年間だけでも）変化がとても大きいです。

あるいは働き方をみても、子供がいても女性が仕事を続けたり、共働き世帯が増えたり、副業をする人が増えたり、定年の年齢を超えても働き続ける人も増えています。

家族の姿や働き方が変わればお金の使い方も時間の使い方も変わってきます。

最近の家電や家庭用品の広告で、家事を分担している夫婦が描かれていたり、男性が家

[世帯構成の変化]

各年における日本の主な世帯構成と総世帯に占めるシェア

年	1位	2位	3位	…	9位
1974年(昭和49年)	4人世帯・有業者数1人	3人世帯・有業者数1人	有業の1人世帯		
	14.56%	10.95%	9.2%		
1998年(昭和63年)	有業の1人世帯	4人世帯・有業者数1人	2人世帯・有業者数1人		
	15.78%	9.67%	9%		
2017年(平成29年)	無業の1人世帯	有業の1人世帯	2人世帯・有業者数1人	…	4人世帯・有業者数1人
	16.95%	15.65%	13.67%		4.6%

世帯構成は、世帯人員とその世帯の有業者数の組み合わせによって分類。
(出典)総務省(旧・総理府)「国勢調査」および総務省(旧・総理府)「家計調査」をもとに大和総研推計
https://www.dir.co.jp/report/column/2018710_010074.html

事をしている姿がよく描かれていると感じることはありませんか？ 広告がそのような描き方をしているのは、ライフスタイルの変化のあらわれです。

広告の世界でも**情報の届け方が大きく変わりました。**

皆さん、テレビは観ていますか？

スマホのほうが長く見ている、録画してテレビドラマを観ている、という人もいるのではないでしょうか。

下のＮＨＫの調査を見ると、10年前と変わらずテレビがメディアの中では接触時間が最も長いですが、インターネットはどの年代で

［各メディアの行為者率・時間量の時系列変化］

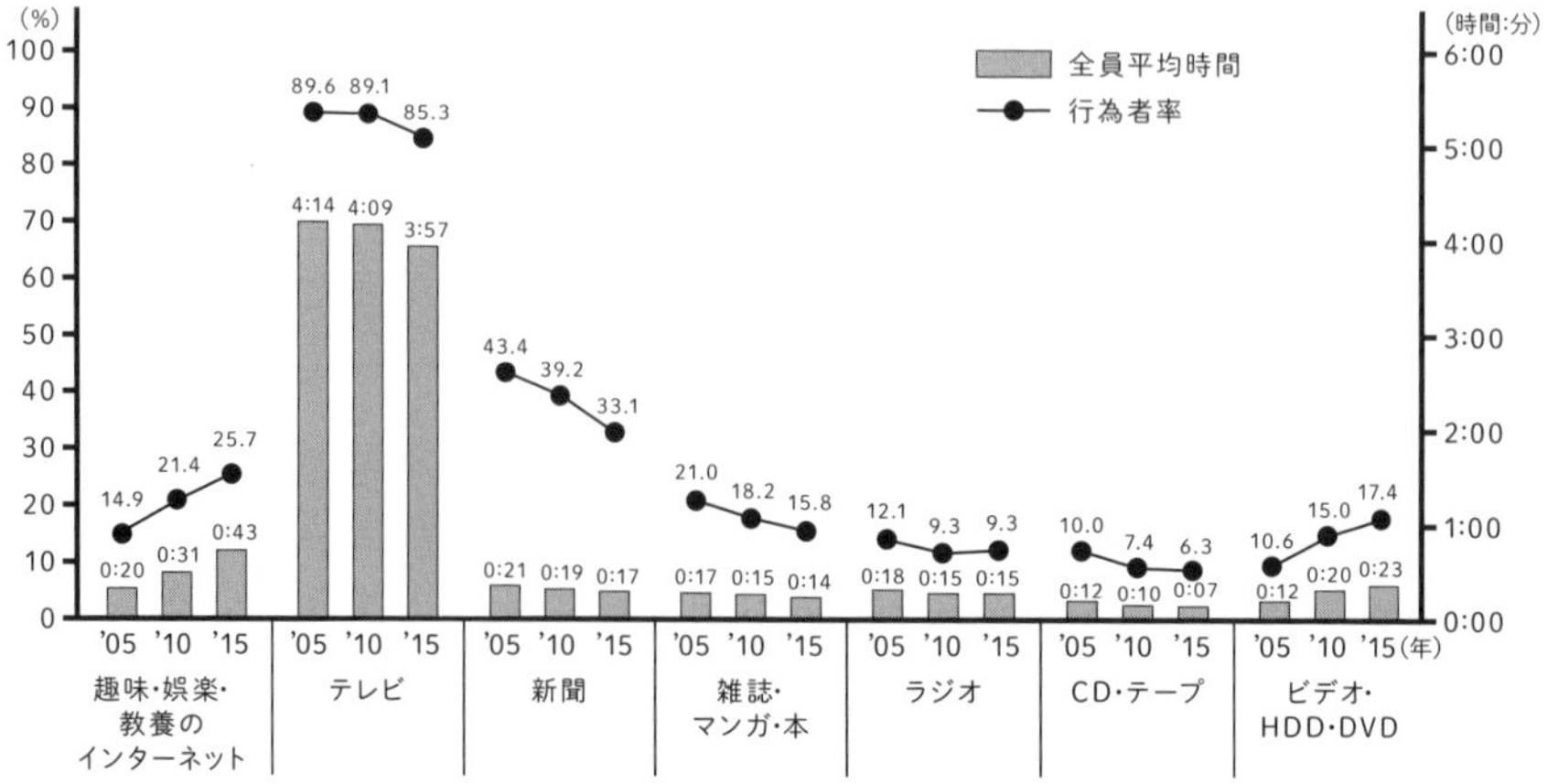

（出典）NHK放送文化研究所「2015年 国民生活時間調査」放送研究と調査2017年8月号掲載

も伸びていますし特に若い年齢層ほどインターネットの接触時間は長くなっています。またこの調査ではテレビを観ながらSNSで会話をしている時間などはとらえていないので、実際はもっとネットに触れている時間は長いようです。スマートフォンの普及率が、2011年に3割、2013年に6割ですから（※）、5年ちょっとでだいぶメディア接触の様子も変わりました。

と、いろいろデータを出しましたが、ひとことで言うと、多様化です。

多様化に真正面に取り組んでみるものの…

暮らし方も、情報の入手のしかたも多様化している今、今までのやり方では対応できなくなっています。「うちの商品は時代のニーズをとらえてる」というケースでも、今までと同じ伝え方ではお客様にメッセージが届かず、ひとつの売り方ではお客様をつかまえ続けることが難しくなっています。

送り手の皆さんは本当に積極的にいろいろ取り組み、工夫をしています。さまざま

※総務省平成29年度版情報通信白書
http://www.soumu.go.jp/johotsusintokei/whitepaper/ja/h29/html/nc262110.html

な広告主にお会いしますが、どこも真剣にアイデアを出し合っているのです。

しかし、

どんどんやるべき施策（打ち手）が増えていってしまう。

細分化しすぎて手間がかかる。

新しいお客様を獲得するのに時間もお金もかかる。

そんななか、売り方ではなく、お客様とのつながり方に注目したのがファンマーケティングです。

ファンマーケティングでアプローチを変える

ファン、つまりきちんと愛してくださるお客様と濃く、長くつながる。それができれば安定的で恒常的な売り上げ・実績・収入につながる。さらにいい状態になればファンが次のファンを呼び、獲得コストがかからなくなることさえあります。

日本の人口が縮小するということは、お客様の母数が減るということです。少ないパイの中でコストをかけて新しく育ちにくい人を捕まえるよりも、確実に濃い愛を持っている人とつながることの魅力の差は歴然です。

ですが、ファンは勝手に育つわけではありません。

「偏愛」を抱いてくれそうな人をつかまえること、そしてその偏愛をはぐくむこと、脱落するのを防ぎ、さらに継続させ、あるいは次のファンをつかまえてくれることまでつながり続けること。

それには戦略をたてて、仕掛けていく必要があります。

そのための戦略が「偏愛ストラテジー」です。

二十年のファン活動＝偏愛の歴史から見たファン心理

ファンマーケティング手法や成功事例から学ぼうという視点の本も多く出ています。先人たちが歩んできた道や体系だった論理から、成功のポイントややってはいけないことを多く学ぶことができます。

しかし、それらは送り手からの発想でまとめられた論理です。それとはちょっと視点を変え、ファン側＝受け手の視点から発見したポイントをまとめたのが本書です。

私は仕事ではコミュニケーションのプランを考えるため、送り手の立場にいることが多いのですが、プライベートでは二十年以上、とあるアーティストのファンをしています。ＣＤや配信で楽曲を購入するのはもちろんのこと、ライブは欠かさず行き、ファンクラブに入り、アーティストグッズも定期的に購入します。それを20年以上（厳密にいうと22年間）ずっとやっています、趣味はいろいろあれど、このアーティストにはこれだけ長く恒常的に、それも大量に偏った愛を投じています。詳しくは後ほどエピソードでご覧いただきますが、友人からは「好きすぎるのでは？」と言われるくらい、まさに「偏愛」なのです。

いや、実は以前は自分の偏愛度には無自覚だったのですが、周囲に話せば話すほど、いかに自分がファン活動を濃く深く長くやっているかを自覚しました。

♪ちなみに自分としては、ファンと追っかけは違うと思っています。ファンとして、アーティストが作る音楽を楽しんだり、ライブに行くことがメインであって、けっして人を追っかけてはいないので。まぁ他人から見たら同じかもしれませんが…。

言い換えれば**私の偏愛は、エクストリーム（極端）**です。

でも、これは、送り手から見たら、成功事例ではありませんか？

そして、この偏愛の歴史にも、なにか意味があるのではないかと思ったのです。

偶然の出会いでしたが、そのタイミングがよかったこと。一見小さなちょっとしたできごとによってハマっていったこと。今思えば脱落する危険があった時期もありましたが、それをとどめてくれたこと。

冷静に自分の偏愛の歴史を分析すると、何度もファンの気持ちに火をつける「スイッチ」があったことを発見しました。

ファンの気持ちに火をつける6つのスイッチ

ファンは一足飛びに偏愛を持つものではありません。

ファン予備群がファンになるには、きっかけが必要です。そのきっかけで「好き！」という気持ちに火がつき、偏愛度が高まります。まるで心にスイッチが入るように。

また長くファンでいる人は、偏愛が維持されたり、脱落しない出来事を経験しています（本人が覚えているかは別として）。そのとき、やはり心のスイッチが入っています。

少なくとも、私の経験ではそうしたスイッチが何度も入り、現在に至っています。

偏愛を高めるのは偶然の出来事であることが多いのですが、あなたが送り手であれ

ば、そのきっかけを創り出す必要があります。すなわち、戦略的に送り手側がスイッチを入れるのです。

その戦略的に押すべきスイッチは6つあり、この本ではそれぞれについて解説しています。

出会いの「よりそいスイッチ」
偏愛を深める「特別扱いスイッチ」
偏愛を維持する「言霊スイッチ」
脱落を防ぐ「仲間スイッチ」
自走を促す「自分ごとスイッチ」
ファンを増やす「拡散スイッチ」

ファンになるところから、ファンとして育

［偏愛とスイッチ］

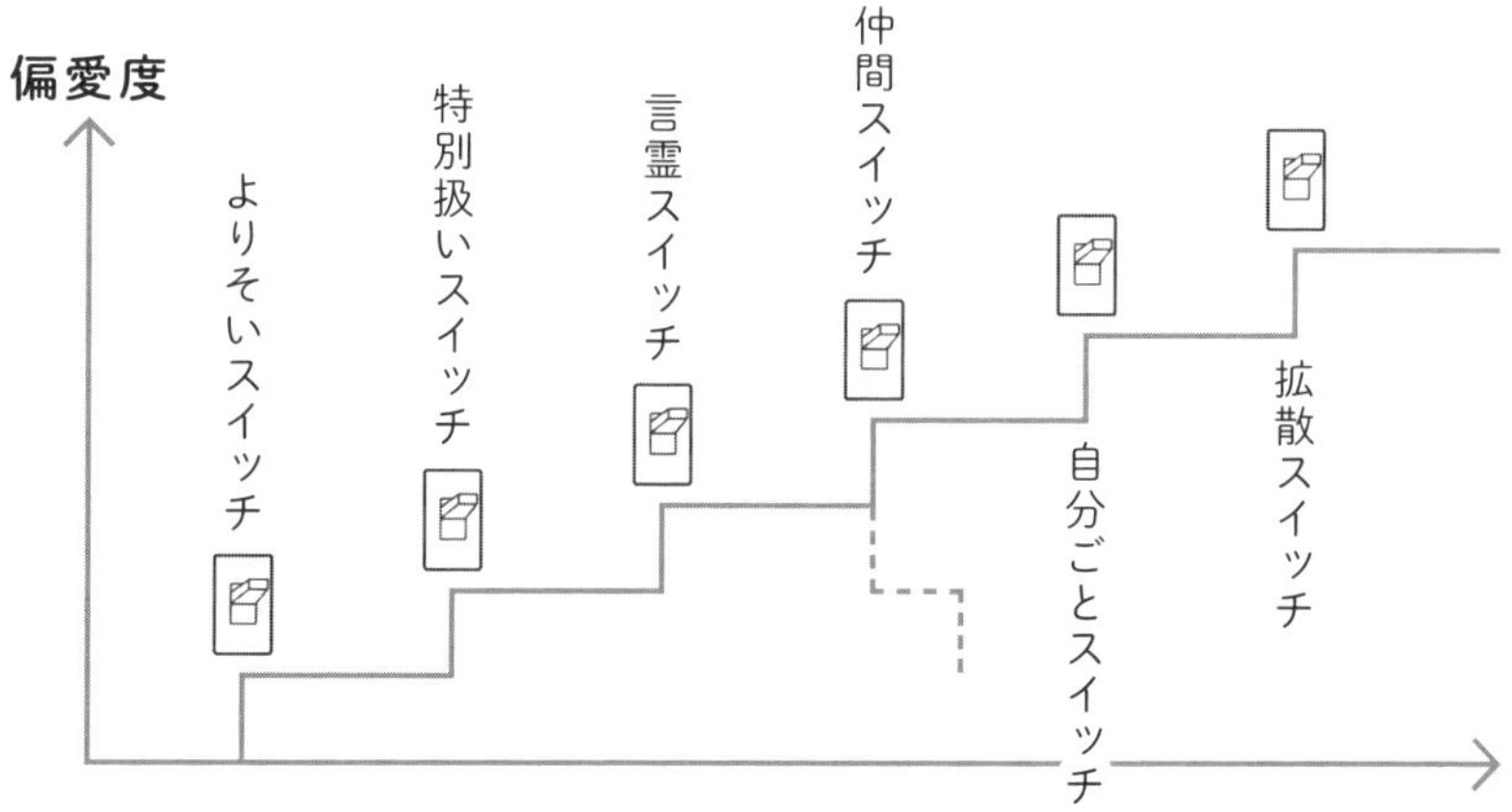

ち、維持し、広がるところまでを一般的にとらえてこの順番での章立てになっていますが、必ずしもこの順番で心に火がつくわけではなく、前後することもあります。

各章で私個人が「スイッチが入った」というリアルなエピソードをご紹介します。それを冷静に分析するとどういうことなのか、どんなスイッチが入り、どうやって送り手は実践するのかをそれぞれに考えていきます。

これらのスイッチは、私個人の体験から発想したものですが、他のファン活動をしている人に聞いても、共通することが多くありました。そこから汎用性のあることを抽出して書いています。

さまざまな業種の方が読んでくださることを想定したため、抽象的な表現になっているところもあります。ぜひ実践する際にはこちらのスイッチを参考にしつつ、取り組んでいる課題にあてはめて考えてみてください。

私個人のファン史が、少しでもみなさまのお役に立てれば、これほど幸せなことはありません。

本題に入る前に読んでおいてほしいこと。

ここ重要。

この本でファンの偏愛を語るにあたって使った用語や基本の考えについて最初にお伝えしておきます。

「送り手と受け手」

「生産者と消費者」「企業と個人」など、そういう用語を使えばいいではないか、というご指摘もあるかもしれませんが、それがうまくあてはまらないのです。

なぜならファン度を高めたい人にはいろいろなパターンがあるからです。

たとえば企業のマーケターだけではなく、ファンを増やしたいと思っているミュージシャンかもしれない。指名をもっと増やしたいと思っている美容師さんかもしれない。フォロワーをたくさん増やしたいネット上のイラストレーターさん（絵師さん）かもしれない。さらに言えば提供したいと思っているものは、商品かもしれないし、サービスかもしれないし、音楽や文学や動画といったコンテンツかもしれません。

一概に実践者が「企業」とは限りませんし、お金を払って買ってもらうものを提供していとは限りません。

さまざまなケースがあるので、あえてここでは、**商品やサービス、コンテンツなどなにかを世に提供してファンを増やしたい人を「送り手」と呼びます。それに呼応する形でファンになる人やファン予備群を「受け手」と呼びます。**

本書の内容は古典的なマーケティングだけなく幅広い人に実践していただけると考え方だと思っています。

［送り手と受け手とは］

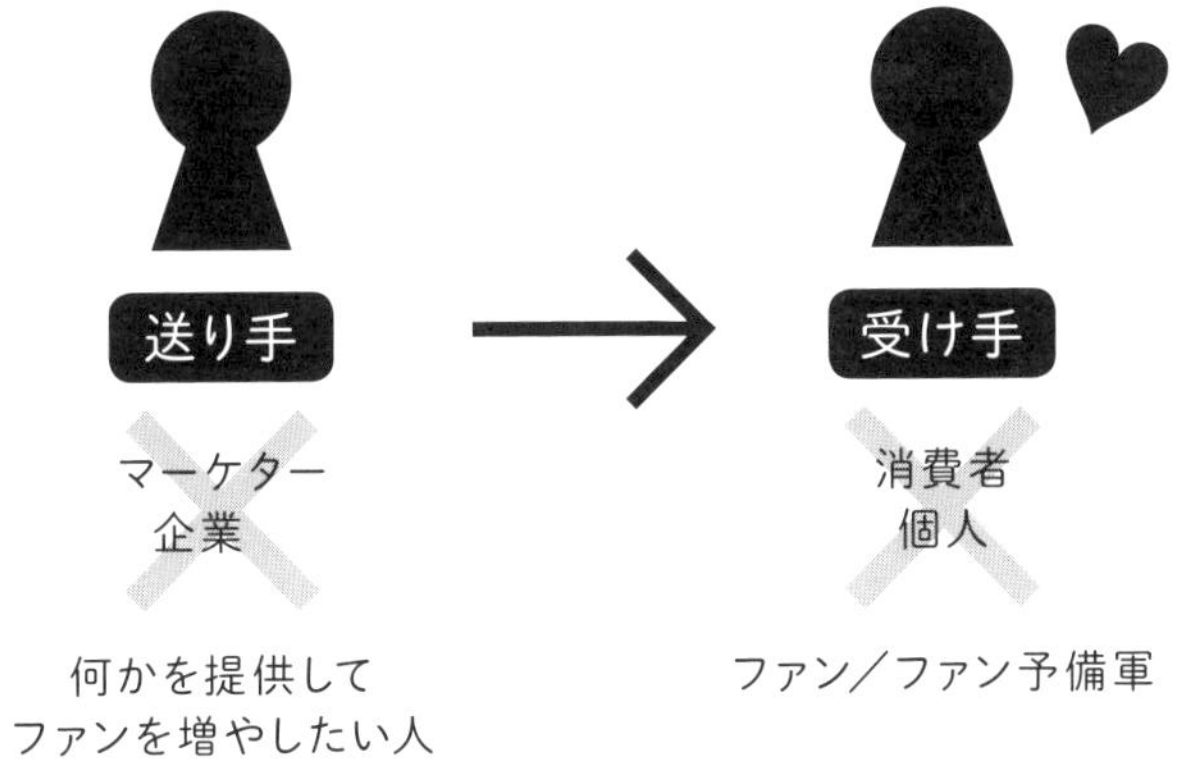

ファンとは、送り手の『次』に期待している人

ではファンとは何でしょうか。
たくさん買ってくれる人？
何度も通ってくれる人？
「大好きだ」と言ってくれる人？

私は「送り手の『次』に期待している人」だと定義しています。

たとえば特定のミュージシャンの十年前の曲がすごく好きで、当時CDも買い、そのあとも何度も何度も繰り返し聞いている、という人がいるとします。気持ちの強さから見ればファンだと言えるでしょう。

しかし、次のアルバムを作ったとしてもダウンロードして聴いてくれるでしょうか。
「昔の歌は好きだったんだけどねえ、最近のはあまり好きでないから」と思っている

かもしれません。

であるとすると、受け手から見るとファンでも、送り手から見ると、未来のつながりの作りにくい人であり、100%ファンだとはちょっと言いにくいのではないでしょうか?

「送り手」と「受け手」双方が幸せで、長期間つながりを持ち続ける関係でないと、送り続けることも、受け続けることもできません。本書で目指したいのは送り手も受け手も幸せな関係です。そのためには、ファンが「過去に偏愛」を持っているのではなく**「未来に対して偏愛」**を持っている必要があります。

それが「送り手の『次』に期待している」

[ファンは、送り手の「次」に期待している人]

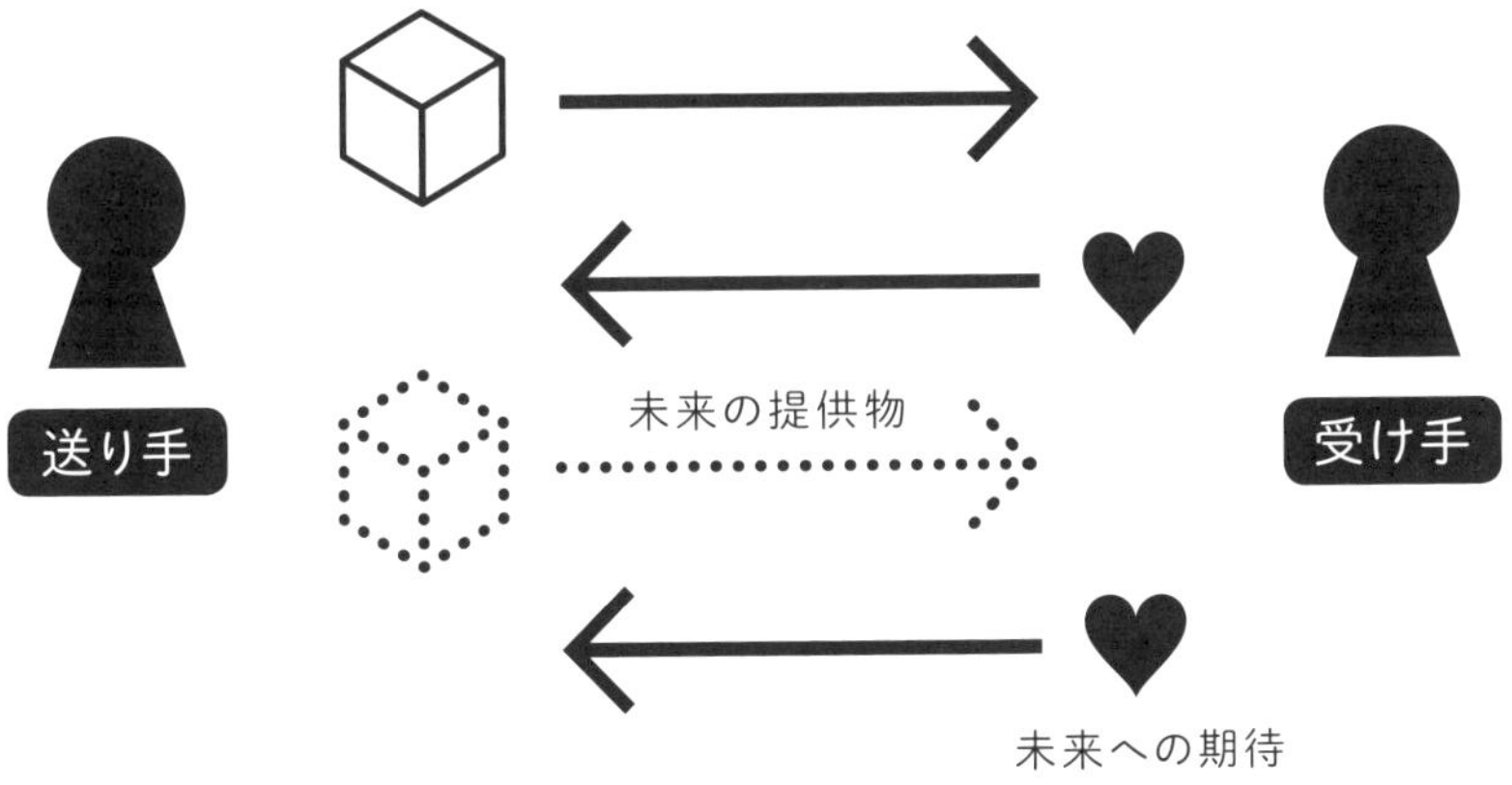

状況です。

たとえば、ファッションブランドのファンが次のシーズンの新作に期待していたり、ホテルチェーンのファンが次に訪れることを楽しみにしたりする状況は、双方が幸せな関係を続けている送り手と受け手の関係だと考えています。

補足として「ファン予備群」とは、ファンが自分の偏愛に気づいている、あるいはファンとしての行動を起こしている人であるのに対して、まだ自覚していていない、ファンとしての行動をしていない人のことです。ファンになる可能性がある「ファン予備群」に対

［ファン／ファン予備群／ターゲット外］

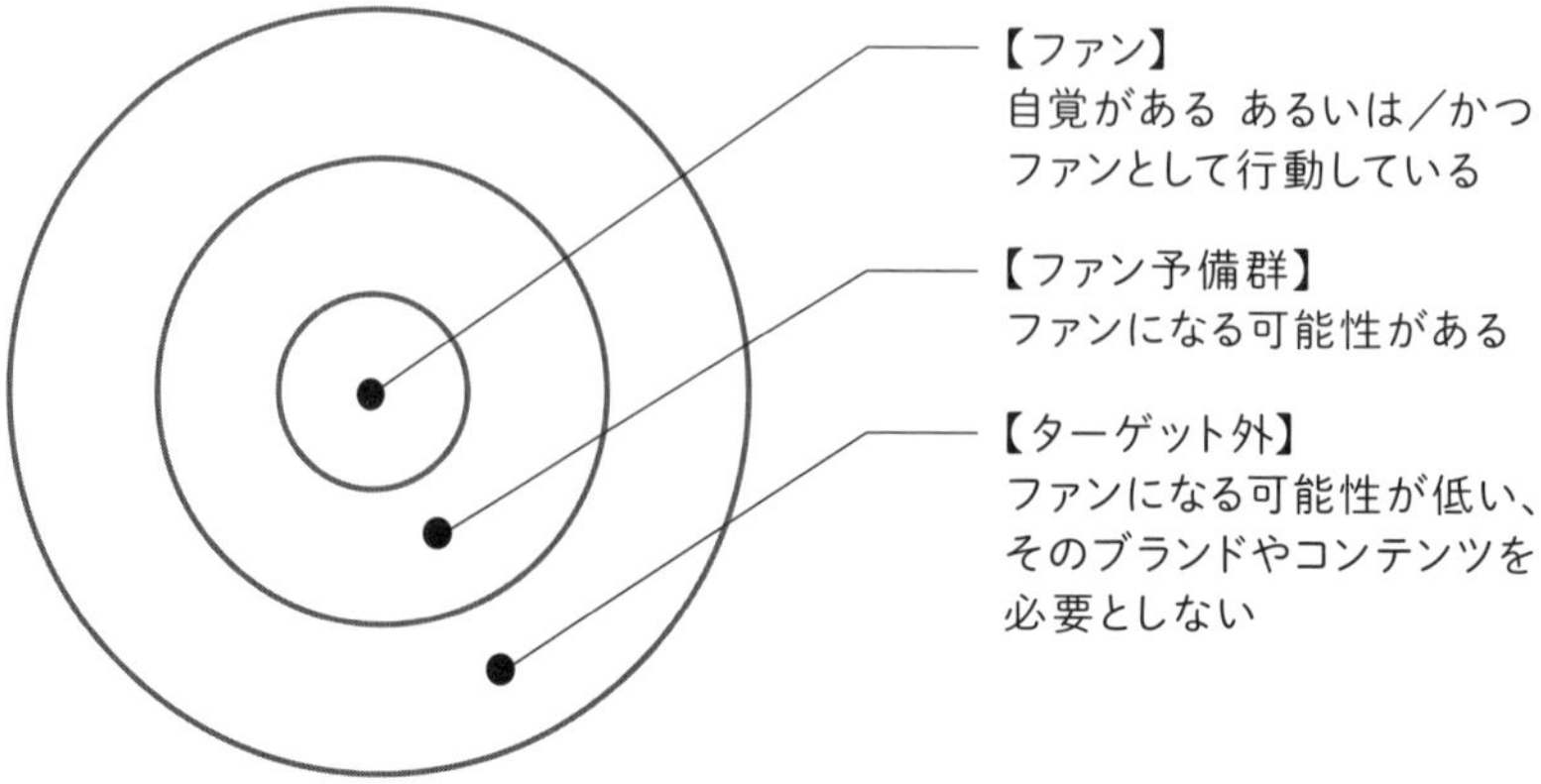
【ファン】
自覚がある あるいは／かつ
ファンとして行動している
【ファン予備群】
ファンになる可能性がある
【ターゲット外】
ファンになる可能性が低い、
そのブランドやコンテンツを
必要としない

して、ファンになる可能性が低い・ない人や、そもそも送り手が提供しているものやことが必要としていない人はターゲット外となります。

たとえば、10代の男性向けのストリートファッションブランドで、ファンは「買ったことがある」「友達に勧めている」などとすると、ファン予備群は「そのテイストのファッションに興味がある」「似たようなブランドを買っている」「検索をしたことがある」までは予備群です。ターゲット外は「ファッションに興味がない」「女性」などになります。

送り手は変化を恐れないで。むしろ変化は絶対必要

ファンをつなぎとめるために、送り手が商品を変えず伝統を保つこと、つまり〝維持すること〟を重視することがあります。変えてしまったら、今までのファンが逃げてしまうのではないかと懸念する気持ちはよくわかります。あるいは、商品・サービス・コンテンツをこれ以上変えられない事情があるのかもしれません。

しかし、それでも、変化は必要です。

送り手は『次』を提供することが宿命なのです。なぜなら、先ほどご説明した「ファンが『次』に期待する」の裏返しで、ファンが期待する「次」を作らないと関係が成り立たないからです。

同じものを、変化もなく、ただそこに置いておくだけでは、先細りになります。偏愛度を維持・向上するために接点を維持することは必要ですが、そこで提供する価値になんらかの変化があったほうが偏愛度を維持・向上するためには効果的なのです。

そんなにいつも新しいものを提供できないよ、と思われるかもしれません。ご安心くだ

[送り手は、常になんらかの変化を]

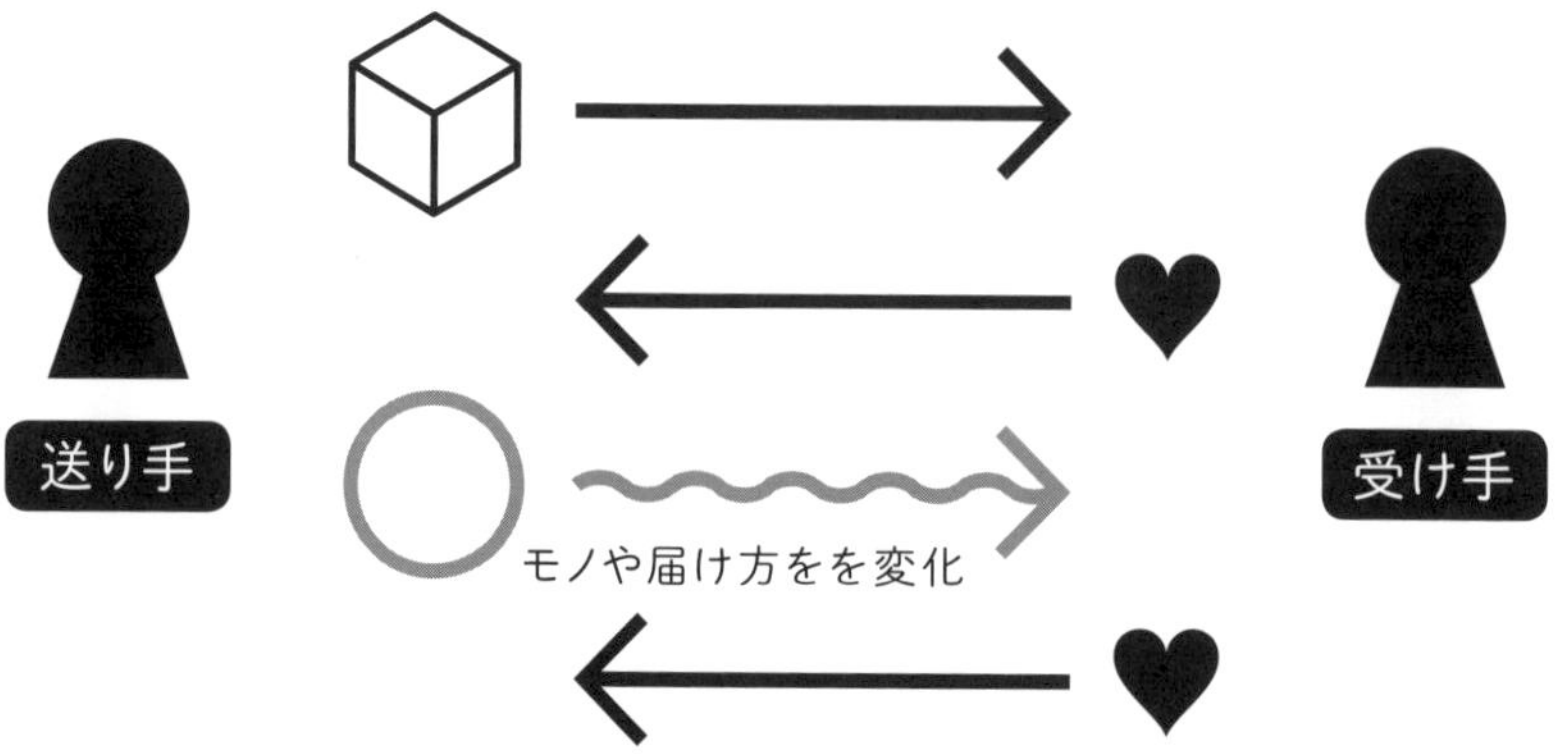

さい。必ずしも新商品や新サービスなどスペックを変える必要は、ありません。

変化とは、新しい使い方、新しいコミュニケーションだけでもいいのです。

あなたがハサミを扱っている会社（送り手）にいるとしましょう。ハサミは家に常備してあって、ときどき紙を切るだけ…という大人に対してもっとハサミを好きになってもらう方策だってあります。たとえば、今までの「常備」扱いではなく大人が夢中になるような紙工作を提案して、よりハサミを手に取る機会を作ってみてはどうでしょう。まさに新しい使い方を提案することです。

変化とは小さく「ズラす」だけのこともあります。そこには無限のアイデアがあるはずです。

送り手の皆さん、自分が提供してるコトやモノに自信がありますか？

あなたはその商品やサービス、コンテンツのファンですか？

「売れそうか」ではなく「自分が偏愛を感じ」ていますか？

もしも偏愛を感じられないならば、愛を感じそうな人を想像できますか？

それでもNOならば、提供しているコトやモノを見直してください。ときには商品開発をし直したり、サービスを見直したり、コンテンツをパワーアップしてください。

なぜならばファンを作るという行為は、送り手と受け手両方の心理がわかっていることが重要だからです。

送り手として「これは素晴らしいからファンになってほしい！」という視点で開発しているだけだと独りよがりになります。ときには受け手の立場として「いちファンとして、ここにハマっちゃう」と視点を変えて作業を進めていくことで、本当にファンのスイッチが入るかどうか検証していかなければいけません。送る一方では、何が効いて何が効いていないか判断できないのです。

私が仕事をしてきたクライアント企業（の特に商品開発のご担当）も、おおむね担当商品をわが子のように愛していました。自信があり、自分が一番のファンだという方が多かったです。そのうえでどうすればよくなるんだろうと客観視されていました。

送り手と受け手の両方の目線を持って客観視することは、心構えとしてだけでなく、マーケティングを実践するうえで重要です。

マーケティングは一回実施して終わりではなく、何か方針を決めて実施し、さらに次をよくしていく、という永遠のプロセスです。

その中でよく使われる手法がPDCAサイクルを回すことです。PDCAとは、P（プラン。仮説をたてて計画をたてる）→D（ドゥ。実践する）→C（チェック。検証して評価する）→A（アクション。改善する）という4つのステップを指し、そこでの結果をもってまたP（プラン）に戻る絶え間ない改善をする考え方です。

［送り手は、両方の目線が必要］

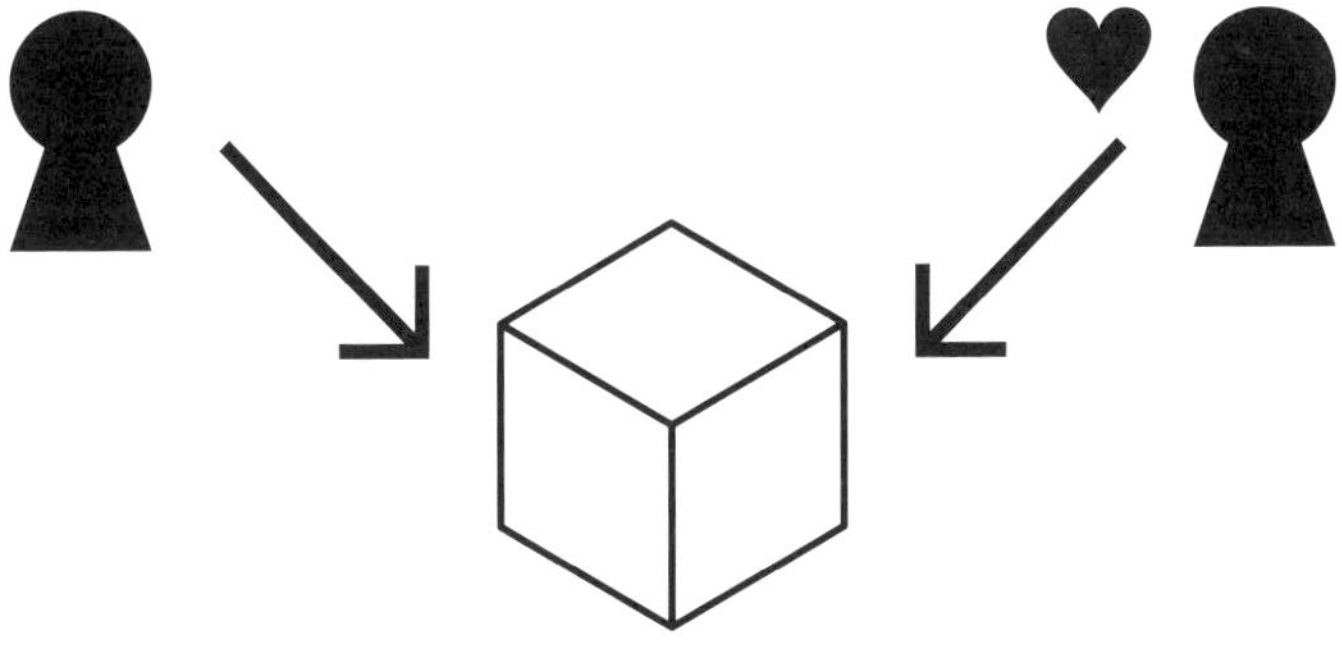

送り手／受け手　両方の目線を持つ

たとえばアイドルの曲を披露するイベントをするとします。計画をたてるとき（P）も、ファンの心理を想像できないと、どんなイベントにするべきかわかりません。実践するとき（D）も、ファン心理がわかっていればどこで盛り上がりたいかを見極めることができます。検証するとき（C）も、そもそもファンが「新しいことをやった」ことでうれしいのか、「うまく歌えたこと」でうれしいのかをわかっていないとそれができたのかをチェックできません。今後の改善を考えるとき（A）も、ファンの気持ちがわかっていないと方向性を間違ってしまう可能性があります。踊りがうまいことがファンにとってうれしいことなのに、踊りよりも歌を頑張ろう、とな

［PDCAでも両方の目線が必要］

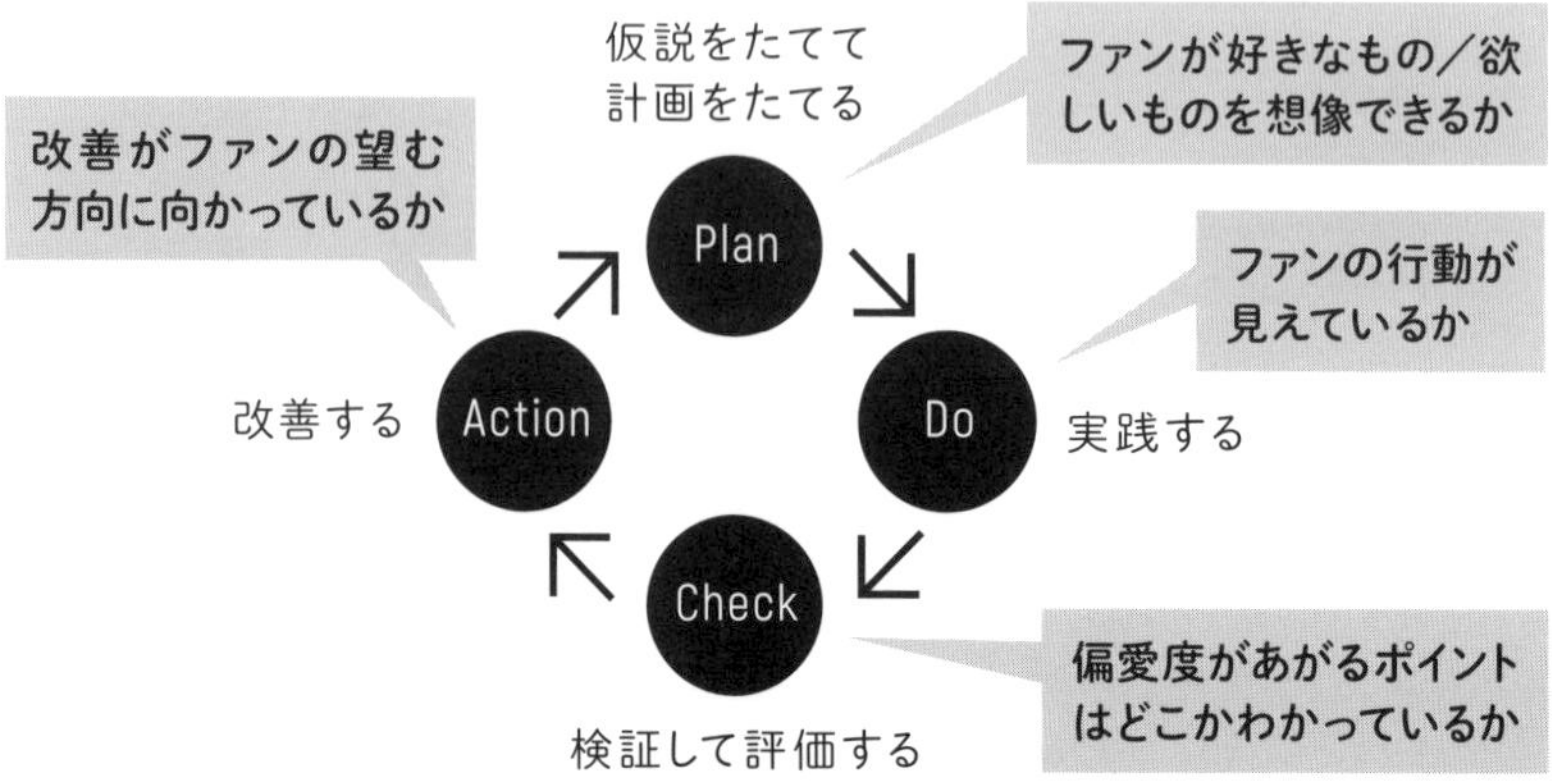

るとファンの期待に応えていないことになってしまいます。

送り手は、受け手の目線を持つことでよりファンに響くことを実践できます。

ただし、どうしてもわからない…という場合は受け手にしっかり話を聞くことで補足することもできますのでご安心を。

逆に商品を愛しすぎて、冷静に判断ができない、悪いところなんてひとつもない、と思っている方もいるかもしれません。それはある種、親心としては仕方がないかもしれません。

ですが、そのままではファンは育ちません。いくら親ばかでも、送り手として冷静に自分の子供の未来を考えてください。ファンとうまくつながれないなら、何か足りないところがあるのではないか、と客観的に見直してください。一番のファンなのですから「世間がおかしいんだ！」ではなく、長く深く愛されるために必要なことを一緒に改善していってください。

それでは、送り手として、一番のファンとして、受け手のスイッチを入れるために、どうすればいいのか、６つのポイントを考えていきましょう。

第1章

最初の接点をどう作ればいいの？

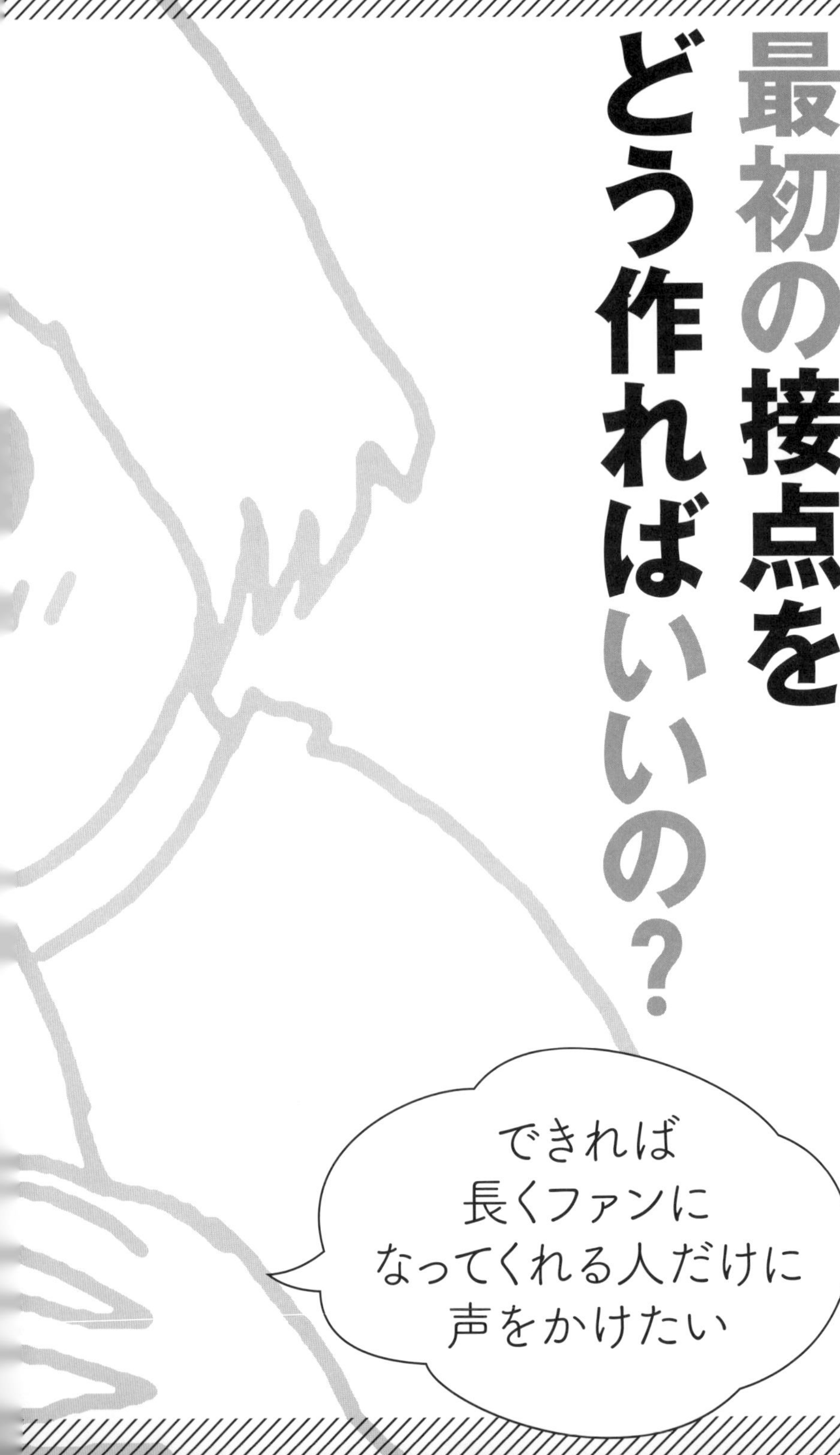
できれば
長くファンに
なってくれる人だけに
声をかけたい

◀ファンにアプローチするならば、
最初は…

回答：「よりそいスイッチ」を入れよう

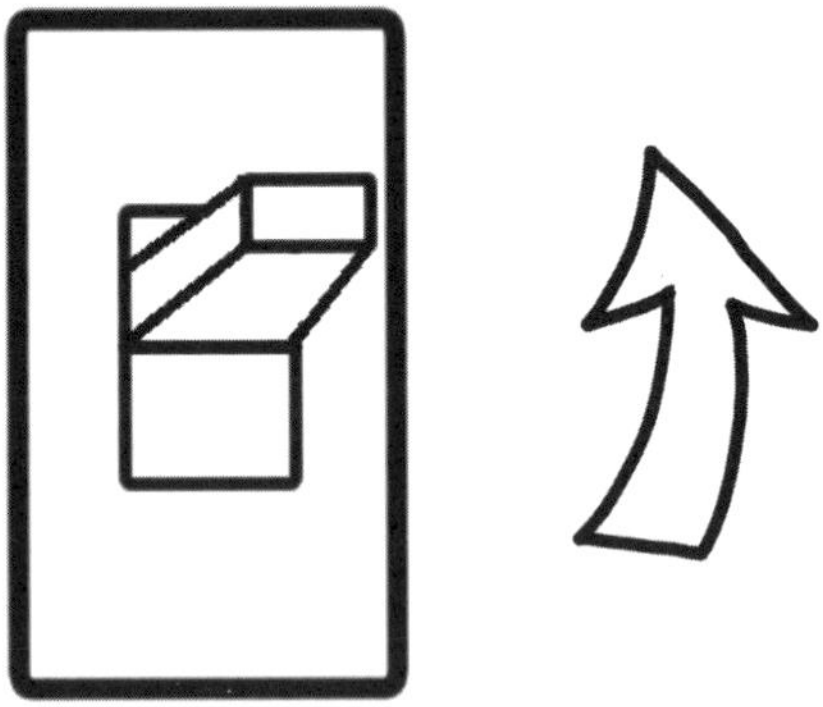

よりそいスイッチの話

いきなり個人的な話で恐縮ですが、
学生の頃、毎日なんとなく
不安で不機嫌で
ぼんやり将来について
悩んでいました

就職活動なんて言葉が
チラついても、
何をしていいかわからない

これからの時代は
あの業種が来るから
私は最初から
あの業界に絞ってたわよ
まだ考えてないなんて
甘いんじゃないの
なんて言う
人もいて
そんなもんなのかい
と迷うばかり
そんなとき
なにげなくついていた
テレビで
Music

BAND
BAND
BAND
激しく
なってきた…
「暴れん坊」
BAND
ぐちゃぐちゃ…
それがこのアーティストに対する私の第一印象
なんて自由なんだ
と衝撃を受けたのです

翌日、
友人たちに話すも、
わかってもらえず…
ふーん
へえ…
おっ
あの人たち
でも、その後
本屋やテレビなどで
名前が目に留まるようになり
ROCK MAG
BAND
創作の裏側を知るにつれ
どんどん尊敬し
好きになっていきました。
BANDインタビュー
なるほど…

TONIGHT LIVE
★ BAND ★
LIVE HOUSE TOUR
OPEN 18:00 START 19:00
重圧に負けそうになるたびに
ライブでエネルギーをチャージし
楽しいときもそうでないときも
聴くようになりました

どんなときも
自由でいいんだと思うと
気が楽になり
好きなことを選べばいいと
開き直るようになりました

解説：

よりそいスイッチとは人生のアップダウンによりそっていることである。

私の（ちょっと青くさくて恥ずかしい）個人エピソードを見ていただきましたが、まさに偏愛が生まれたのは、就職活動を控えた時期でした。働き方を考えなければ、という人生の変化の時期に、その音楽に出会いました。

では、まだファンでない人の心に火をつけるためには、どんなスイッチで、どうやってスイッチを入れていけばいいのかを考えていきたいと思います。

でも、まず最初に言わせてください！

購入者・参加者＝ファンだと思っていませんか？

モノやサービスを選んだり買ったりするときの**選択を決めるスイッチと、ファンになるときの偏愛が高まるスイッチは違います！**

たとえばあなたがコンビニエンスストアに行ってお菓子を買うところを想像してください。どうやって選びますか？

もちろん「このメーカーが好き！」という場合もあるとは思いますが、むしろ「おいしい」「安い」「新製品だったから」「そこに売っていたから」などで選んだりしませんか？

…しますよね。

では買ったお菓子のファンですかと問われたら、「嫌いじゃないけど、ファンというほどではないかな」と答える人が多いのではないでしょうか。

前提に書いた通り、ファンは「送り手の『次』に期待している人」だとするならば、今日買ったからといって、ファンとは言えません。

逆に、購入を伴わない状態でファン的行動をとっている場合もあります。

[購入者＝ファンとは限らない]

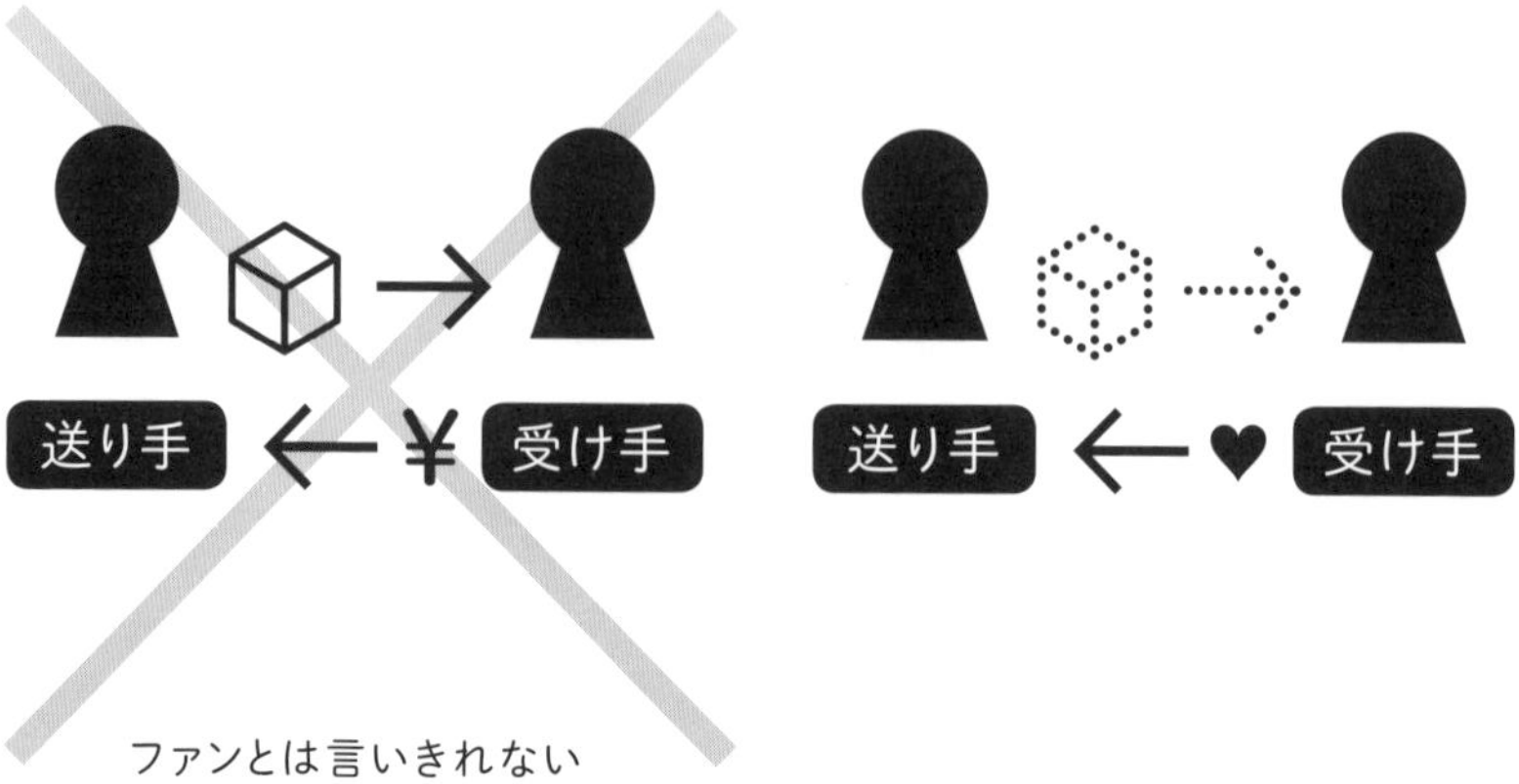

たとえば

・いつも大胆なチャレンジをしている経営者のＳＮＳをフォローし、投稿を楽しみにしている

・ケーキ屋さんの新作を楽しみにしている

・ネイリストさんが次にしてくれるネイルアートが楽しみだなと思っている

お金を（まだ）使っているわけではありませんが、「次」に期待しているという点はファンと共通していて、心に火がつく可能性が高い人たちです。

つまり、繰り返しになりますが、購入者・参加者とファンは必ずしも一致しません。そして「さほどファンでなくても選択する」ことがあります。買ってくれた方はお客様ではありますが、まだファンにはなっていないのです。

そしてここで議論したいのは「ファンになるスイッチ」。

いかに、これから先ファンに育ちそうな人に出会い、その人たちの心に最初にどの

ような進入角度で入るのがいいのかを考えたいと思います

利便性や機能性よりも「私のことをわかっている」が偏愛につながる

あなたのブランド・商品・サービス・作品は自信作で、価値があるものという前提でお話しします。機能が優れていたり便利だったりすると思います。サービスだったら丁寧だ、ニーズに応えている、あるいはスピードが速いなどもあるかもしれません。そんな価値ある商品やサービスなのに、なかなかファンが育たないという悩みをよく耳にします。

私が仕事で担当させていただく商品でも、非常に機能も優れていて魅力的で、最初は売れたのに、結局ファンがつかないということがあります。その長所をアピールして利用者を増やしても、一過性で終わってしまうことが多いのです。

一度ファンになった人にファンで居続けてもらうポイントは後ほどご紹介しますが、実はエントリーも重要です。提供するものがどんな優れていても、スイッチが入るような出会いをしなければ印象に残りません。

どんな出会いをするか、どうやって生活に入り込むのか。

どんな出会い（エントリー）をするかは、送り手が提供するものが、受け手の目にどのようなものに映るかによって変わります。つまりどんな価値があるもの見えるのか。まず、左脳的な利便性や機能やスペックと右脳的な気持ちや気分に刺さることが必要です。これはマーケティングの教科書でよくいわれる「機能的価値」と「情緒的価値」のことです。

次ページの図は一般的な価値構造で、商品の特徴のうえに、それによってお客様が感じる機能的価値と情緒的価値を整理したものです。（この整理は一般的なブランドを対象としているので、皆さんが受け手に送りたいものにはあてはまらないこともありますので一般的な分類とお考え下さい。）

機能的価値と情緒的価値はあくまでも商品の特徴から発生した価値ですので、便利だとか、心地いいなどの気持ちにはつながります。しかし偏愛は、ただの好き、ただの買いたくなる気持ちとは違います。長く深く愛する気持ちです。機能的価値や情緒的価値が優れていても、簡単に偏愛を高めるものではありません。

注目すべきは、そのうえにある「生活価値」。商品がどういいかではなく、お客様のライフスタイルや生活をいい方向に変える、人生に入り込む価値です。

これは、研究によっては「自己実現価値」「自己表現価値」とも言われます。高級ブランド

[価値構造ピラミッド]

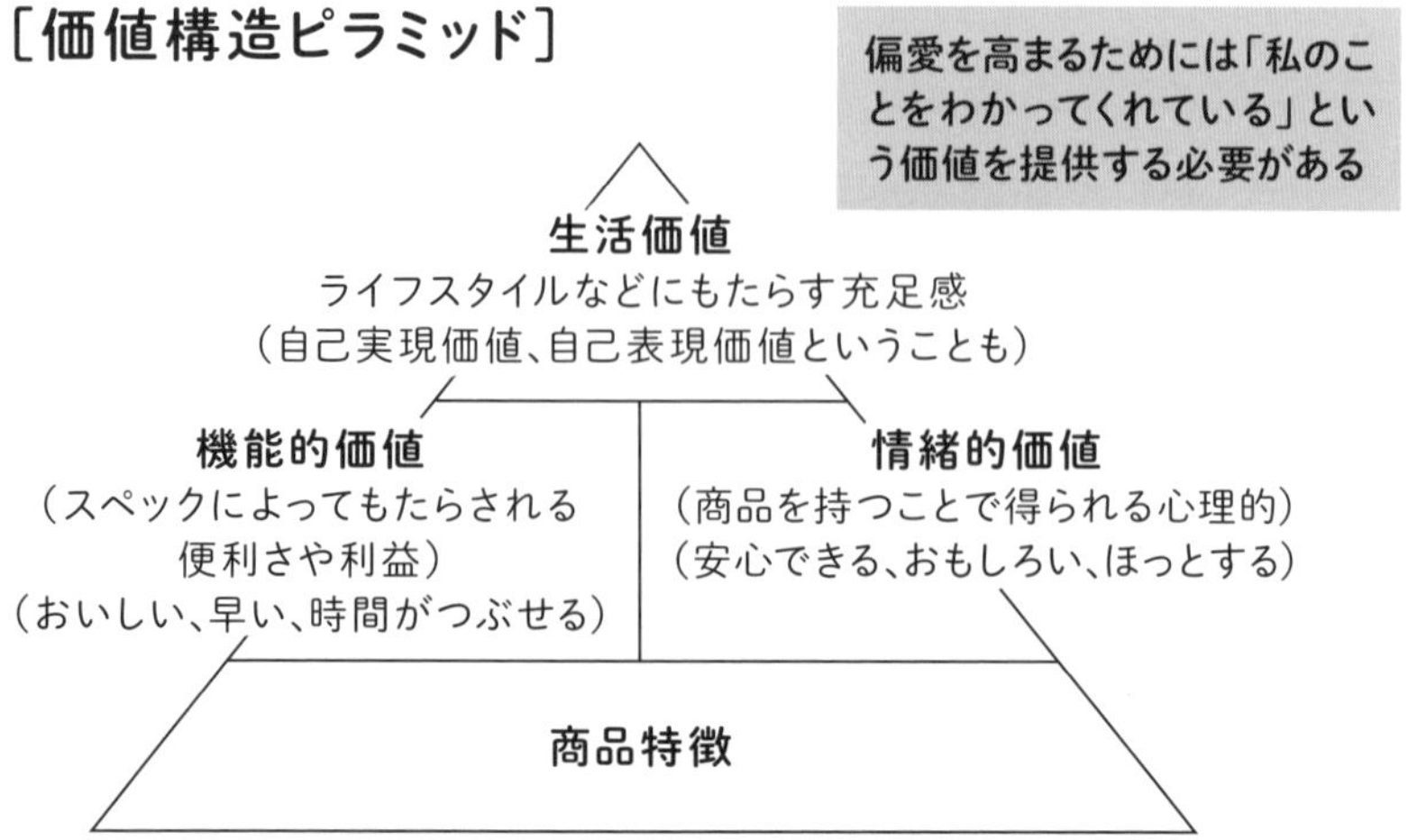
偏愛を高まるためには「私のことをわかってくれている」という価値を提供する必要がある
生活価値
ライフスタイルなどにもたらす充足感
（自己実現価値、自己表現価値ということも）
機能的価値
（スペックによってもたらされる便利さや利益）
（おいしい、早い、時間がつぶせる）
情緒的価値
（商品を持つことで得られる心理的）
（安心できる、おもしろい、ほっとする）
商品特徴

のスーツを例にとって考えてみると、しわがつきにくく光沢の美しい生地と、体のラインをきれいに見せてくれる丈夫な仕立てという商品特徴があるとします。機能的には着心地がよく、情緒的には着ると背筋が伸びるように堂々とした気分になるとします。それを着ることによって、ライフスタイルがどう変わるか。ビジネスシーンで自信がもてるという自己実現ができたり、仕事ができる優秀な人に見られるという自己表現価値が得られることが想定されます。

商品やサービス、コンテンツなどによっていろいろな「生活価値（ライフスタイルや生活をよくしてくれる価値）」があり得ます。

しかし、あらゆる生活価値の中でも偏愛を高める価値には、ひとつの特徴があります。それは「私のことをわかってくれている」と感じられること。

なぜなら、偏愛は個人の感情と非常に強く結びついています。「どう見られたいか」とか「みんなが好きだから」ではなく、「私が深く好きだから」ということが基本にあります。世の中には便利なサービスも、素敵な商品も星の数ほどありますが、私のことを肯定し、**私のことをわかってくれていると納得できるものは少ない。だからこ**

そ、より愛着がわき、偏愛に結びつきやすいのです。

私のケースで言えば、学生時代に音楽に出会い、その時の気分や迷いにぴったりで、社会人として踏み出す勇気をもらったことでファンになるスイッチが入りました。世の中に歌は数多くあれど、ただの応援歌ではなく「今日はつらくて当たり前」「明日は自由でいいんだ」という私がぼんやり思っていたことを肯定し、私のことをわかってくれているんだ！と思えたのはこのアーティストの歌でした（もちろん私の個人的な解釈ですので、送り手側がそういう人に向けて発信していたかはわかりませんが）。ファン予備群である受け手側が**「私のことをわかっている！」**と思ってもらうことが重要なのです。

気持ちのアップダウンのタイミングを狙え

「私のことをわかっている！」と思ってもらうには、商品そのものを差し出すだけでなく**いつどのように差し出すかも重要です。**たとえば、何の変哲もない塩むすびは、普段の昼食で食べてもなんとも思わないのに、海外旅行から帰ってきたときに食べるとやけに美味しく感じて「そう、これが食べたかった！　帰ってきてよかった！」なんて思うことありませんか？

まさにタイミングが重要なのです。

それはどんなタイミングかと言うと、一番わかりやすいのは**気持ちのアップダウンがあるとき**です。

そのアップダウンとは人生に関わる大きなことだけではなく、日常の出来事の場合もあります。

［気持ちのアップダウンはスイッチを入れるチャンス］

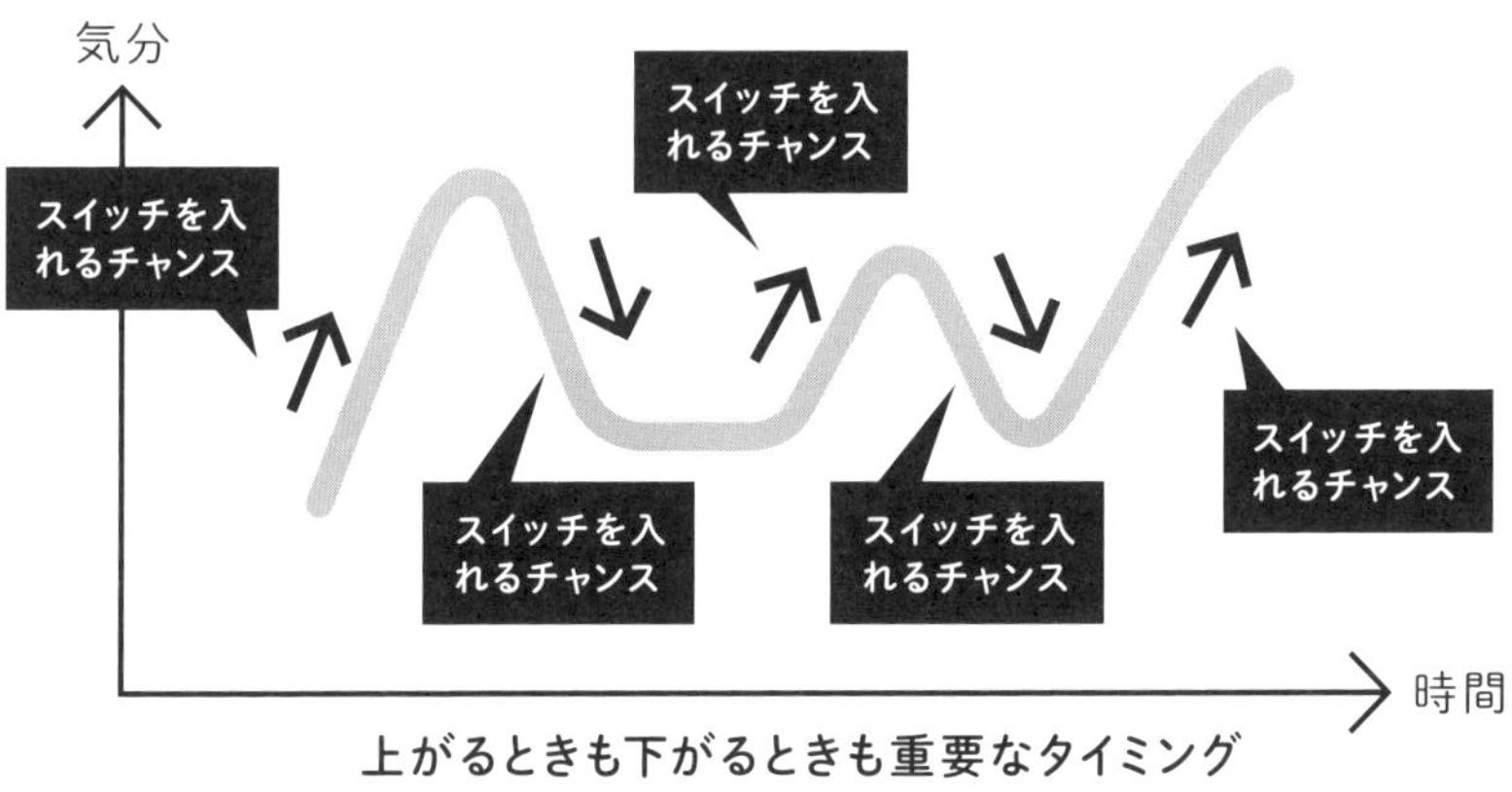

「とても幸せ！」とアップになる（気持ちが上がる）ときや、悩んでいるときや落ち込んでいるときなどのダウン（気持ちが下がる）のとき。そんな大げさでなくても、寝起きがよくて調子がいいときのようなアップもあれば、料理が手際よくできなくてイライラしているというダウンのときもあります。

アップダウンの大きさに関わらず、**心がゆらぐときに、ぴったりのもの、心によりそってくれるもの**があると、強く印象に残るものです。

調理の便利グッズや育児グッズがヒットするのも、日常でぶち当たるイライラのダウンを解決してくれるからともいえます。恋愛ソングが売れるのはやはり恋愛時には気持ちが大きくアップダウンするから、その気持ちによりそう歌が印象に残るからかもしれません。（恋愛が終わると、共感の熱が消えてしまうからファンとして長続きしにくいという欠点はありますが…）

大げさに言うならば、気持ちによりそい、思い出を作ること

気持ちのアップダウンのタイミングを狙い、そのときに「私のことわかってくれている」と思わせるということは、結論から言うと、**あなたの商品を通じて、受け手が思い出を作る**ことです。

どういうこと？と思われたかと思いますが、象徴的な事例をご紹介します。

私の友人で某テーマパークのファンを三十年以上つづけている三十五歳の女性がいます。言ってみればものごころついてからずっとファンなのです。

なぜ好きなのか問うと「キャラクターやグッズが可愛い」「定期的に変わるアトラクションやパレードのクオリティがすごい」「モチーフとなっている映画が面白い」などの理由が挙がってきます。でもそれは三年に一回しか行かない非ファンからも同じ意見が出てきそうです。

もう少し歴史を遡ると、面白いことがわかってきました。彼女の最初の体験は、自分のお父さんやお母さんに、そのキャラクターが登場する絵本を読み聞かせをしてもらったことにありました。

その後も家族で毎年テーマパークに行き、仲良くなった友達や新しい恋人とは必ずテーマパークや映画に連れて行き、一緒に楽しめるかどうかを見極めるそうです。プロポーズはパークでされ、今では自分の子供に絵本を読み聞かせたり、一緒に遊びに行ったりするそうです。

何かがファンになる決定打になったわけではありませんが、彼女の場合は、人生で家族や大事な人と過ごす時間のそばに常にそのコンテンツがあったのです。

このお話を聞いたとき、私はかなり驚きました。

「キャラとか場所はもちろんのこと、スイッチを押すのは家族や大事な人の存在がある…」と。

その方にとって重要なのは「人と過ごす楽しい思い出」という気持ちが盛り上がることであり、「その瞬間をより幸せにしてくれるから」ファンになった、という心理構造だったのです。

そのとき私は猛省しました。商品やサービスが人を幸せにすると、なんとなく信じていたのですが、そうではなく、**お客様の幸せが最初にあって、それによりそっている商品やサービスが選ばれて長くファンになる**んだ、と目から鱗が落ちました。

たしかに私にとっての音楽も、音楽そのものが私を幸せにした以上に、それで仕事に対して前向きに取り組めるようになったからファンになったのです。

いずれにせよ、家族との幸せな瞬間、友達と笑いあったとき、個人的な悩みがあるときの、その気持ちのアップダウンがあるときがタイミングです。

あとで振り返ったときに**「あのときはああだったな。そのときにこの◎◎があったな」とよりそっているかどうか、がファンのスイッチ**なのです。

気持のアップダウンによりそって、**お客様と一緒に思い出を作っている感覚、に近い**かと思います。

食品メーカーのカゴメは、新卒採用の際、不採用だった学生にも御礼の商品をプレゼントしていることがネットで話題になりました。採用には至らなかったものの、企業に興味を持ってくれたことに対する御礼として渡しているそうです。学生にとってみれば感情がアップダウンするときに、「ありがとう」と温かいメッセージをもらうのですから、よりそいスイッチが入り偏愛が高まる人も多いでしょう。

非日常でも日常にも、気持ちの機微は潜んでいる

ここまで読んで

「アーティストみたいにライブがあるわけじゃないし」

「テーマパークのような非日常の体験を提供する商売じゃないからあてはまらない」

「値段が高いサービスしかファンを作れないのか?」

と思われた方もいると思います。

いいえ、そうではありません。

もしあなたが担当している商品やサービスが日常で利用されるものでも、ファンは作れます。

※ただし、それが他の似たような商品・サービスとほぼ同じで、かつコモディティ

化して「どれでもよいもの」になってしまっていては、ファンは作りにくいです。ご担当されている商品やサービスがきちんと他と違って、他よりよい特長を備えていて、それを覚えられるという状況を前提としてください。（ここから先はブランディングの話になります。ブランディングについては60ページ参照）

日常で利用される商品・サービスだとしても、「ここで出会うとぴったりくる」と、その良さを実感できる瞬間と場所があるはずです。

たとえば役所の窓口でのサービス。普段は届けを出しておしまいで特に感情は関わらないように思えますが、受け手側から見ると困ったとき(ダウン時)にアドバイスをくれて親身になってくれるとスイッチが入りやすい、ということがあるかもしれません。

つまりそれは、**ある種のエクストリーム（極端）なシーン**。

それが**一番うれしく、一番気持ちにぴったりくる、一番うれしいと感じる瞬間は何か**、と逆算してみて、そのシーンを狙うことです。

そのシーンが一年に一回めぐってくる商品もあれば、一生に一度の商品もあります。またそのシーンが日常のなかに潜んでいる場合もありますし、もっと頻度が低い場合もあります（たとえば海外旅行から帰ってきたとき）。

ぜひそのエクストリームなシーンを見極めてください。そのシーンを狙う方法もあるし、自ら仕掛けてそういうシーンを創り出すのも有効だと思います。

まとめ

Q 最初の接点をどう作ればいいの？
A よりそいスイッチを入れよう

機能や利便性よりも「私のことをわかってくれる」と感じられること

具体的には

・気持ちのアップダウンがあるときを狙う
・思い出を一緒に作るように
・時にはエクストリーム（極端）なシーンを狙う・創り出す

Column

ブランディング

あなたの商品が日常のシーンで利用されるものでもファンは作れます。ただし「どれでもよいもの」になっていないこと。「コモディティ化（一般化）」とも言いますが、商品Aでも Bでもよいというカテゴリーの場合はかなりファンを作るハードルが高くなります。どんなにがんばって商品Aをアピールしても、商品Bにお株を奪われてしまう可能性が高いのです。

つまり似たような用途の商品・サービス・コンテンツよりも、明らかによい価値を備えていることがまず必要です。

そのうえで「差別化」が必要です。優れた特徴があるのに、それが受け手に伝わらないのでは意味がありません。その差別化をするためにブランドを作ることをブランディングといいます。

ブランドの語源は、牛の飼い主を明らかにするために牛に施す焼き印にあります。ぱっと見てわかる「しるし」です。

「ブランド」と聞くとシンボルマークやロゴを連想する人も多いですが、「しるし」

から発生したことを思えば、そのようなビジュアルで差別化することはもっとも語源に近い活動です。

しかしブランドはシンボルマークやロゴだけではありません。さらにいえば、ブランドは見た目だけでできているものではありません。どんな商品なのか、どんな信念で商品を作っているのか、どんな社長や社員なのか、社会貢献活動まで、今では広く「差別化するための要素や活動すべて」を指すことが多いです。

最近では「ブランドエクスペリエンス」といって、ブランドの世界（見た目だけでなく、信念や価値全般）を伝える体験を重視する広告主も多くいます。それはキャンペーンやイベントの場合もありますし、売り場での体験、買って使うときの体験の場合もあります。いずれの場合も、どんな接点においても一貫したコンセプトが伝わるよう設計しています。

差別化されたブランドは、一般的には値崩れしにくく、リピートされやすいと言われます。

ブランディングについては領域が非常に広く、いろいろなアプローチがありますので、ここでは議論しませんが、偏愛を抱くファンを作りたいならば、他の商品と差別化していることが必要です。

第2章 どうやったら偏愛が高まるのか？

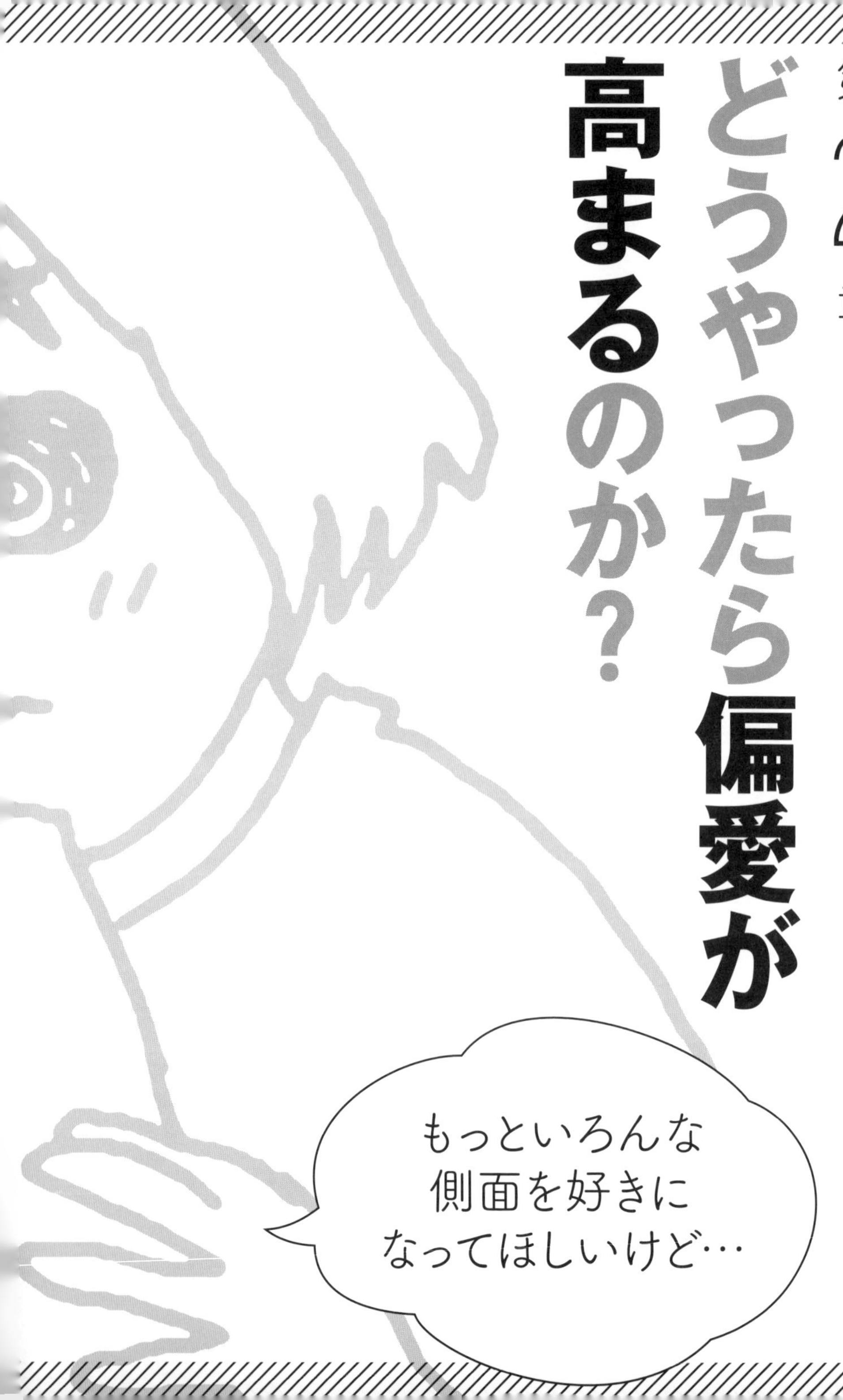
もっといろんな
側面を好きに
なってほしいけど…

◀ここでぐっと偏愛度が高まるかが、一過性なのかファンに育つかの分かれ道。

回答：「特別扱いスイッチ」があります

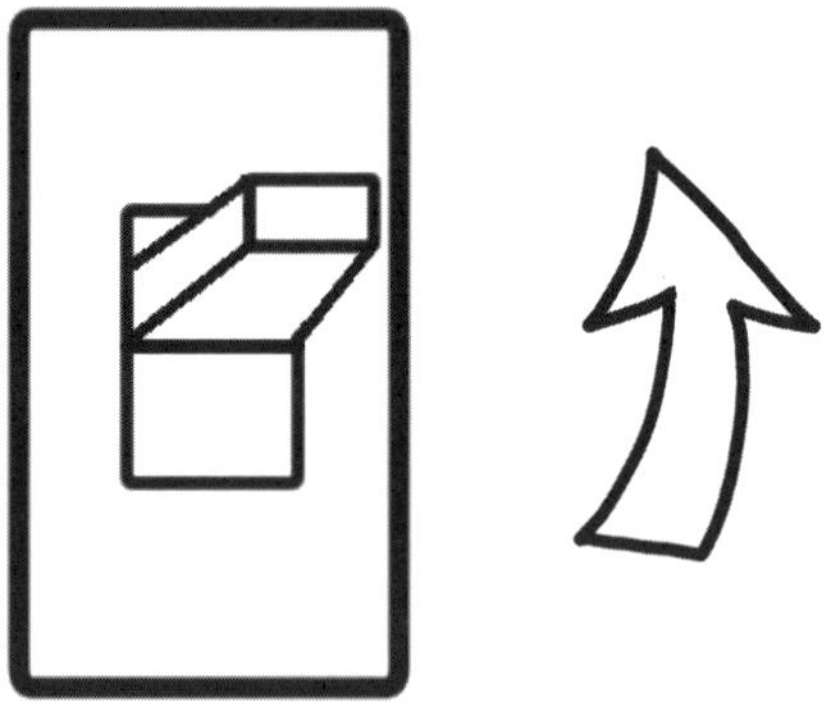

特別扱いスイッチの話

ライブが何カ所も
開催される「ツアー」が
行われることがあります

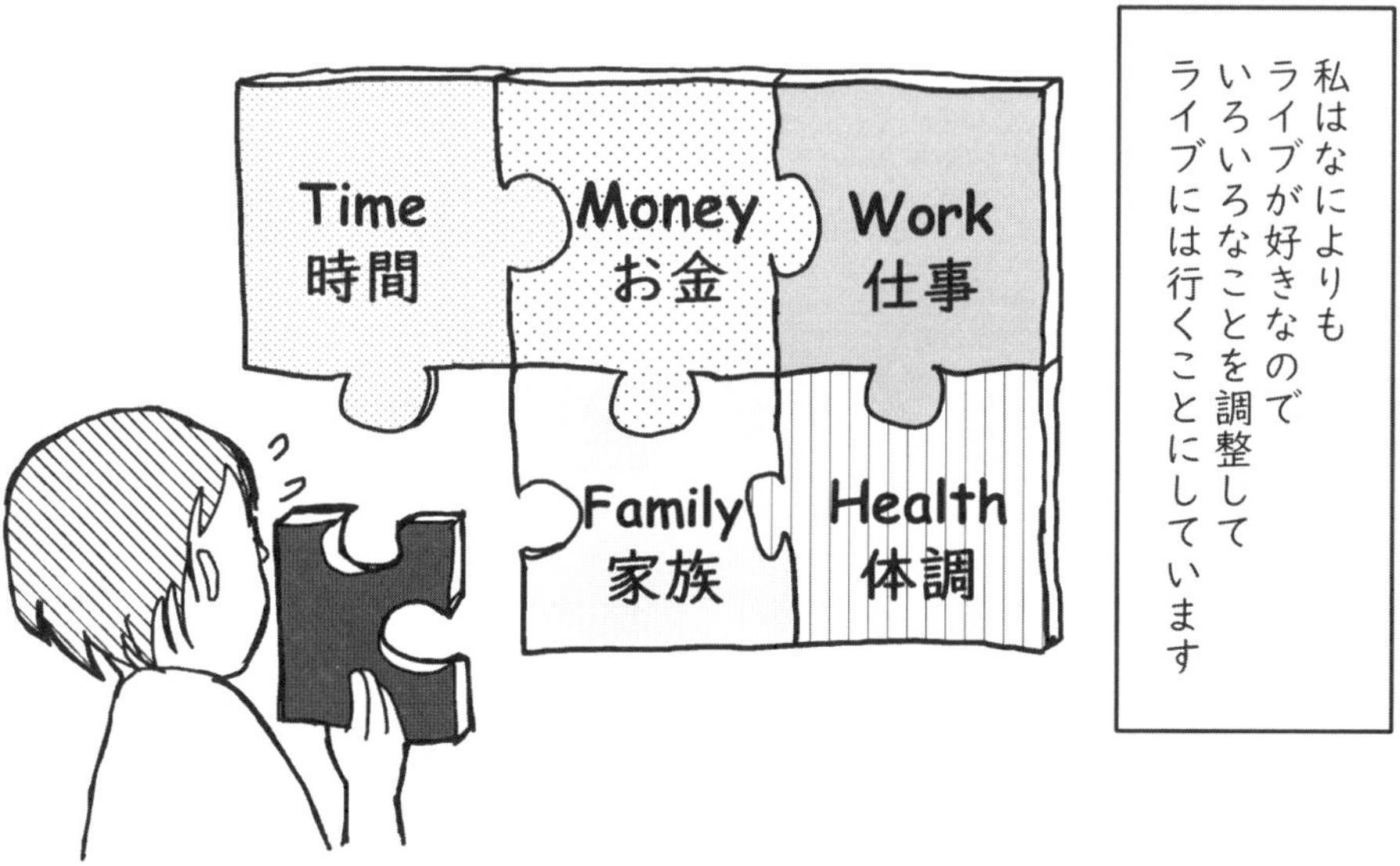
私はなによりも
ライブが好きなので
いろいろなことを調整して
ライブには行くことにしています
Time
時間
Money
お金
Work
仕事
Family
家族
Health
体調

あるツアーでの移動中
新幹線のホームにあがると
同じく移動中のメンバーとスタッフが!!
思わず隠れる（邪魔になりたくないので）

邪魔にならないよう
こっそり移動
しかし
目が合ってしまった

なんと握手するために
手を差し出してくれた
ラッキー!!
うれしー!!
しかし
なぜファンと
気づかれた
のだろう

これか…!!
BAND

気づいたら
ほかのファンに見つかり
列ができていました

解説：

特別扱いスイッチとは、ときにはスペシャルなコール&レスポンスをすることである

あのときは本当にラッキーだったなあ…と思い出します。なかなかない特別な体験だけに、印象に残っていますし、ふだん以上にぐっと偏愛度があがりました。

私の体験は偶然ですが、偏愛を高めたい送り手の皆さまは、偶然ではないスイッチを用意しなければなりません。

「特別扱いスイッチ」というからには、珍しいことをやらなければと思うかもしれませんが、特別扱いスイッチが機能するためには、前提があります。

それは、平時から真摯な応対を行うことです。

そもそもファンは何か一回の出来事だけではできません。偏愛が一瞬高まったとしても放置していたら、すぐ下がってしまいます。また、なかなか最初は勝手に好きになってくれることはなく、きちんと送り手側からアプローチすることが重要です。つまり普段からの働きかけがあって初めてスイッチが機能するのです。

普段からコール＆レスポンスは必要。ちゃんと真摯に回答する

人間関係でも同じです。仕事仲間で例えてみると…。

腕がいいと噂のAさんに仕事を依頼しようか悩んでいます。この仕事の出来がよければ、次もお願いしたいと思っています。今後お得意様（ファン）になるかならないかまだわからないので、あなたはトライアル客（ファン予備群）という状況です。

周囲に聞いてみると、どうやらAさんは腕はいいものの「電話に出ない」「遅刻してくる」「問

［普段から真摯なコール＆レスポンスを］

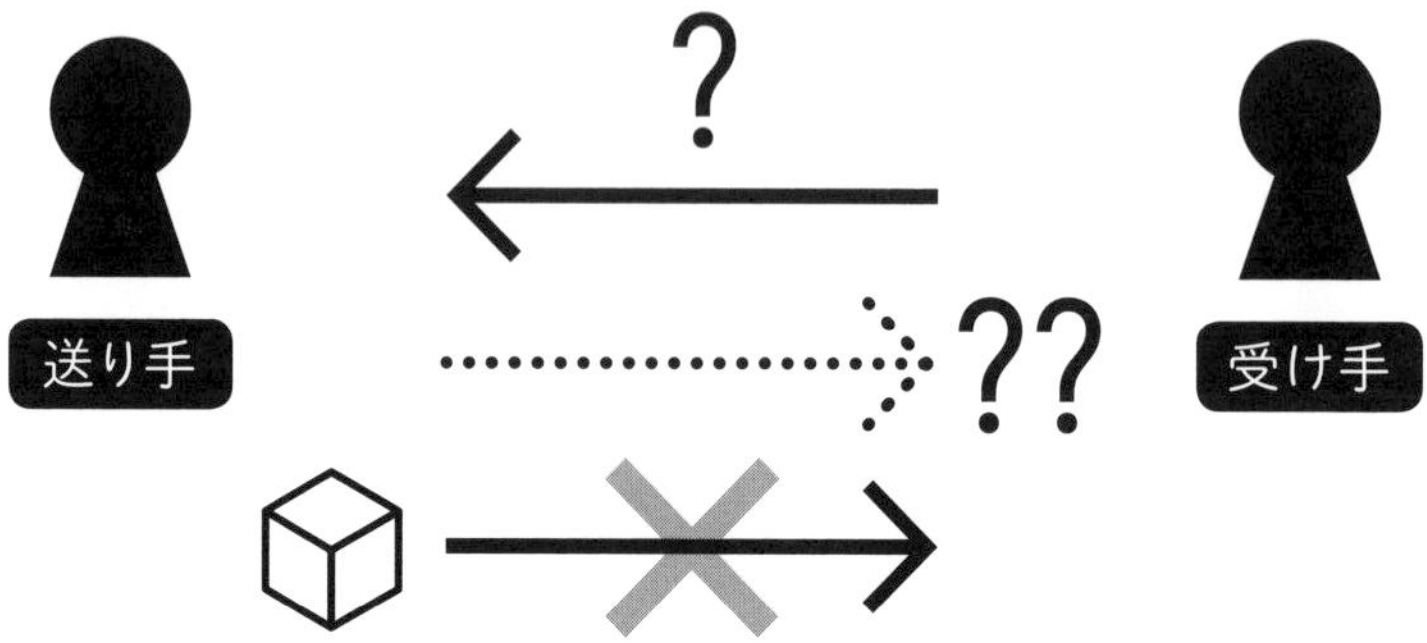

コール＆レスポンスがないとファンになる以前に関係を築けない

い合わせをしてもなかなか返事がない」人だとしたらどうでしょう。お得意様（ファン）になる手前で信頼できない、関係を築く気も起きない、となってしまいます。

つまり、マーケティングだろうが、人間関係だろうが真摯なコール&レスポンスが基礎動作として必要なのです。

♪コール&レスポンスは音楽用語の「掛け合い」です。歌い手同士や、ボーカルとコーラス、あるいは演者と観客が呼び掛けて相手が答えるパフォーマンスです。

商品・サービス・コンテンツが何であるかによりますが、店頭などでの応対、カスタマーセンターやSNSアカウントへの問い合わせなど、受け手との接点はたくさんあると思います。クレームもたくさんあると思いますが、いい対応も悪い対応も広がる時代です。ぜひ真摯に対応してください。

ここでのポイントは「真摯に」ということであり、言いなりになることではなく、できないことはできない、わからないことはわからない、「なぜならこうである」、でも「こう対応する」と答えることです。「こういう問い合わせには外部に回答をしていません」という基準も、常に守られている基準であれば、その旨をお伝えすることが肝心です。適当にあしらったり、放置したりすることが一番よくないのです。

日々のコール&レスポンスを基礎動作として実施することで、ファンが「この人たちは信頼できる」「ファンを大事にしている」と安心することができます。そして、実は送り手も、この日々のコール&レスポンスを通じてファンが何を知りたいか、どんな情報が足りていないか、誤解されやすいかなどを知る

［日々のコール＆レスポンスの上に、スイッチを置く］

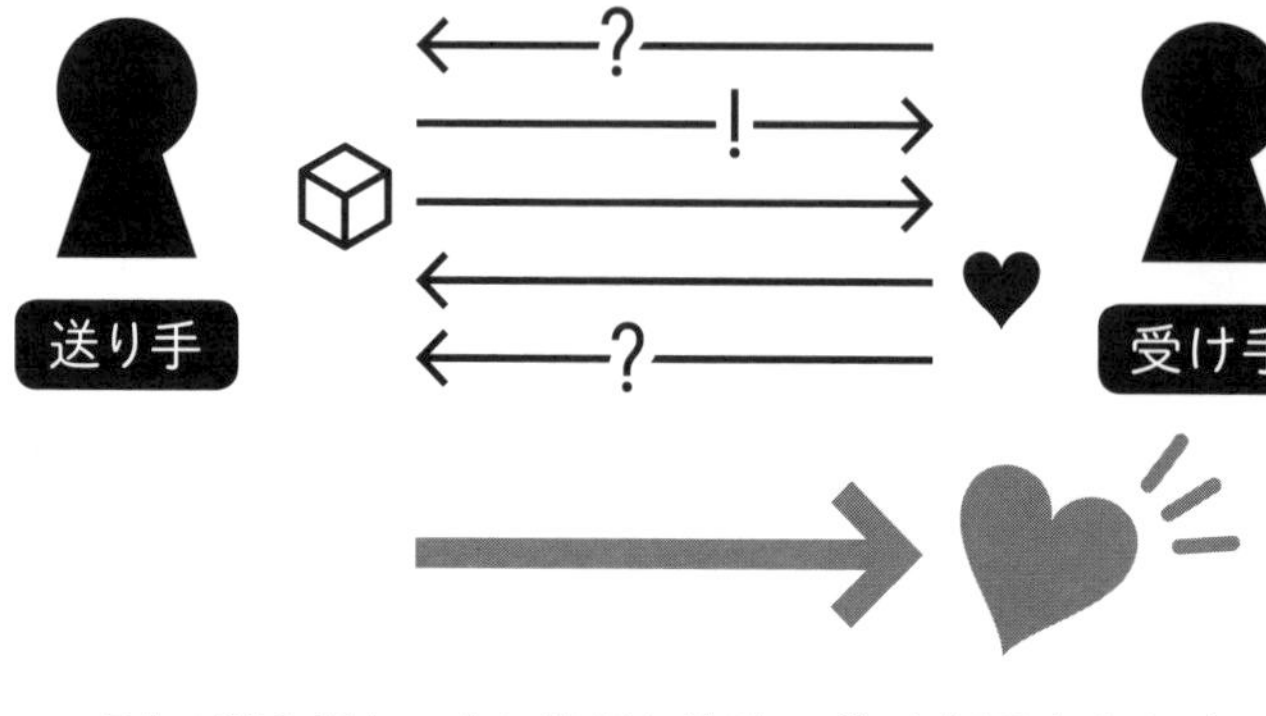

日々の積み重ねの上に特別な体験でグッと偏愛度を上げる

ことができます。

ぐっと偏愛度をあげるためには、特別扱いをするスペシャルな体験が有効

日々のコール&レスポンスをきっちりしていると、安心につながります。またそれをずっと続けることで「こんなちゃんと応対してくれているところが好き」となることもあります。

でもそれだけでは時間もかかるし、受け手自身の気持ちがあいまいなまま過ごしてしまいます。「いい人よね」で終わらず、きちんと「あ!好き!」と自覚させるために、安心と信頼の積み上げのうえに、もう一つ確実なスイッチを入れましょう。

それがスペシャルな体験です。

私の事例で言うと、普段のライブとは違う場所で挨拶できたというレア、かつ特別

扱い、かつ一対一などさまざまな「スペシャル」が重なり、あたかも自分が特別扱いされたかのような気分になり、スイッチが入ったのです。

実際はただの幸運だったかもしれません。

しかしマーケティングやコミュニケーションではそのようなスペシャルな体験を事前に準備することができます。スイッチが自然に入るのを待つのではなく、日々のコール&レスポンスに加えて、スペシャルな体験を計画し、スイッチがきちんと入るように備えて企画しておくことをオススメします。

くりかえしになりますが、スペシャルな体験だけでは、ただの花火で終わってしまう可能性も高く、かならず日々の応対の上にスイッチを置くようにしてください。(もしも都合のいい時だけ連絡してきて、こちらの連絡に応えないような人とは付き合いたくないですよね。それと同じです)

スペシャルな体験のうち「あなただけ」は要注意

一番わかりやすいスペシャルな体験は、えこひいきをすることです。

他の人を差し置いて「あなただけ」にするのは、限定感もありますし、本人は優越感を感じます。他の人から見ると羨望感があります。典型的なのは、年間◯万円以上利用している人に特典を出すようなケースです。

でも…これがとても難しいのです。

基準がはっきりしていないことが見えたら「なぜ同じファンなのにあちらは良い思いをするのか」と気分を害される人が当然出てくるでしょう。あるいはお金とファン度を天秤にかけたように見えて、「お金で愛をはかるのか」という気持ちになることもあります。

考えられる方法としては

①「あなただけ」より「あなただから」にする。

限定であることではなく、ファンだから○○と発想を少しずらしてください。結果としては同じ特典を提供することかもしれませんが「○○万円以上使っている人限定」よりは「○○万円以上使っている方へもれなく」としたほうが受け手としては特別扱いされていると同時に平等な印象を受けます。

②特典を、気持ちや思いではなく、お金対商品・サービスにする

「○円使ったら、○円相当の割引」は納得しますが、「○円使ったら常連扱いします」と言われたら気分が悪いですよね。

特典（リターン）を明確に設定したい場合は、左脳的な基準に対して左脳的な特典であるほうが受け手にとっても送り手にとってもわかりやすいかと思います。

③むやみに特別扱いを見せびらかせない

その特別扱いが周囲から見える必要があるかどうかはよく検討してください。

「あの特別扱いはうらやましいな」と周りの人に見せたほうがよいかもしれませんし、「あそこはえこひいきをするから良くない」と思われるかもしれません。特別扱いを実行するかは、ときにはクローズド（他の人に見えない方法）でやるほうがよい場合もあります。

クレジットカードのアメリカンエキスプレスは、テニスの大会であるUSオープンをスポンサードしていますが、会場で会員だけが楽しめることを毎年企画しています。

カード会員であれば最新のテクノロジーを使ったゲームで遊べるという特別扱いをしてくれます。さらにそのブースは外からも見えるようになっており、会員でない人はちょっとうらやましい。「会員になるといいことがある」と思えるような仕掛けになっています。

このように基準が明確で、うらやましいという気持ちにきちんと作用する仕掛けならば、外に見せてもいいのかもしれません。

④複数のスペシャルを用意する

これはとてもシンプルです。

スペシャルな体験は特別扱い以外にいろいろな形を取ることができます。組み合わせもアリです。先述の通り、私の体験も特別扱い以外にもポイントがありました。詳しくは次の項目でご紹介します。

「あなただけ」あらため「あなただから」、レア度、一対一。人間くささ。

ファンにとってのスペシャルな体験の代表格はえこひいきですが、先述の通り、えこひいきには欠点もあります。「あなただけ」という限定感ではなく、**「あなただから」とファンを尊重する発想でアプローチ**して下さい。

続いて、**レア度**です。

「あなただけ」「今だけ」もレアですが、「ファンにとってレアなこと」は別にあることが多いです。アーティストのオフショットや、映画やドラマのNG集など普段表に出てこないためにレアなものもあれば、海外では売っているけれど日本では手に入らない商品のような地理的レアもあります。ファンにとって価値のあるレア、ファンだからこそピンとくるものを探して下さい。

たとえばゆるキャラなどは普段メディアやキャラクターグッズを通じて見ることが多く、イベントに出ていても舞台でたくさんの人と触れ合っています。そんなゆるキャラと一対一で会う機会があれば特別感も非常に強くなります。

最後に「人間くささ」も、ときにはスペシャルな体験です。

特に工業的に作られた商品や画一性のあるサービスの場合、普段利用しているときには見られない人間くささや、送り手の個性が見えると、好感を抱くことがあります。

たとえばハロウィンやサッカー日本代表戦のあと、繁華街に出没する「ＤＪポリス」も、普段の警察官の応対を逸脱した人間くささで、人気です。

ネットで話題になった任天堂の「神対応」がわかりやすいかと思います。壊れてしまったゲーム機をカスタマーセンターに送ったところ、壊れていたので新しいものに交換をせざるを得ませんでした。そこで任天堂は、元々子供が貼っていたシールをきれいに外して、配置もそのままに新しいゲーム機に貼りかえて返送したのです。交換ポリシーに照らし合わせれば、新品を送ればそれでおしまいですが、自分のゲーム機として愛着を持っていてくれるお子さんの（ファンの）気持ちを考え、その愛情に応えた任天堂の人間くさいスペシャルな対応はまさにスイッチが入ってしまう対応です。

ファンは意外とシャイなので
ブランド側から積極的な声かけを

なぜあの手この手を考えなければいけないのか。

ファンはスイッチさえ入れば、勝手に動いてくれるのでは、とお思いになるかもしれませんが、必ずしもそうではありません。日本人特有のマインドなのか、ファンは意外とシャイです。お金を払って買った商品や受けたサービスについては、ファンもその範囲での要求はしっかりしますが、それ以外の要求はしていいのかとまどいます。

さらに突然の変更などに反応できない人もいます。スペシャルな体験を用意したら、積極的にファンに呼びかけてください。

シャイじゃないファンもいますし、一度スペシャルな体験を提供すると、もっともっとと要求が増えそうだと懸念する方もいるでしょう。ファンに対してスペシャルな体験を設けることは、過剰なサービスをしようということではありません。スペシャルな体験は、普段は発生しないことが「スペシャル」たるゆえんですから。

図々しく「もっと欲しい」と言い出すお客様もいるかもしれませんが、それは「とりあえず要求してみる」というチャレンジの場合も多く、普段の応対の基準と、スペシャルな体験が誰に向けてどんなものかのルールがあれば、それをきちんと説明することで納得いただけるケースも多いと思います。

まとめ

Q どうやったら偏愛が高まるのか？
A 日々のコール&レスポンスに加えて、特別扱いスイッチを入れよう

特別扱いスイッチとは、スペシャルな体験を提供すること。

たとえば、「あなただから」の体験、「レア度」のある体験、一対一の体験、人間くささが感じられる体験。

実施の際のポイントは

・普段から真摯なコール&レスポンスをしていること

・不満を避けるためには、工夫が必要

①「あなただけ」ではなく「あなただから」という理由をつくる

②特典を明確にする

③特別扱いをむやみにみせびらかさない

④複数のスペシャルを用意する

Column　SNSアカウントへの問い合わせにどう対応するのか？

…というご相談を受けることがあります。そもそもSNSを使う目的を何に置くか次第で方針は変わりますし、場合によっては応対することそのものをオススメしません。

お客様との交流をしたい↓必然的にやりとりが発生しますので、応対の方針（何について、どんな立場でどう話すのか。どこまで回答するか。トラブルがあった場合はどうするかなど）を事前に決めておきましょう。

発信はしたいけどやり取りはできない↓問い合わせ対応はお客様相談窓口、発信はSNSと役割を分けるというケースもよく見られます。また同じ企業でもSNSごとに役割を変えている場合もあります。

理想形がある場合は、それに近い運用をしている企業やブランドのアカウントを見てみてください。プロフィール欄や紹介文などを覗いてみると、「問い合わせはこちらへ」と書いてあったり、SNSごとにコンセプトが違っていたりして、運用方針がわかる場合が多いです。ぜひいくつか比較してみてください。

第3章

どうしたら偏愛を維持できるのか？

◀ファンは移り気です。
そんなときは…

回答：「言霊スイッチ」があります

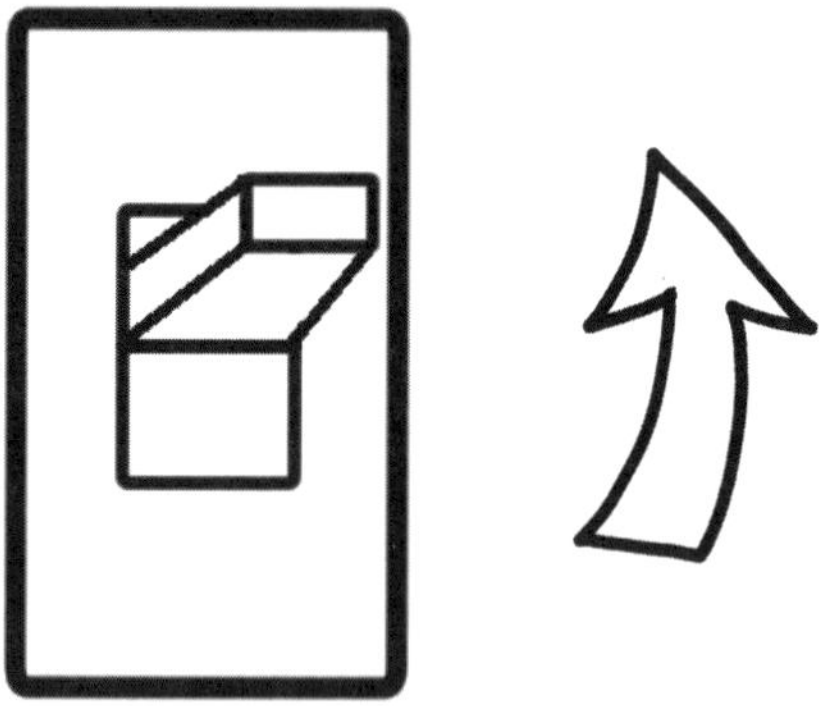

言霊《ことだま》スイッチの話

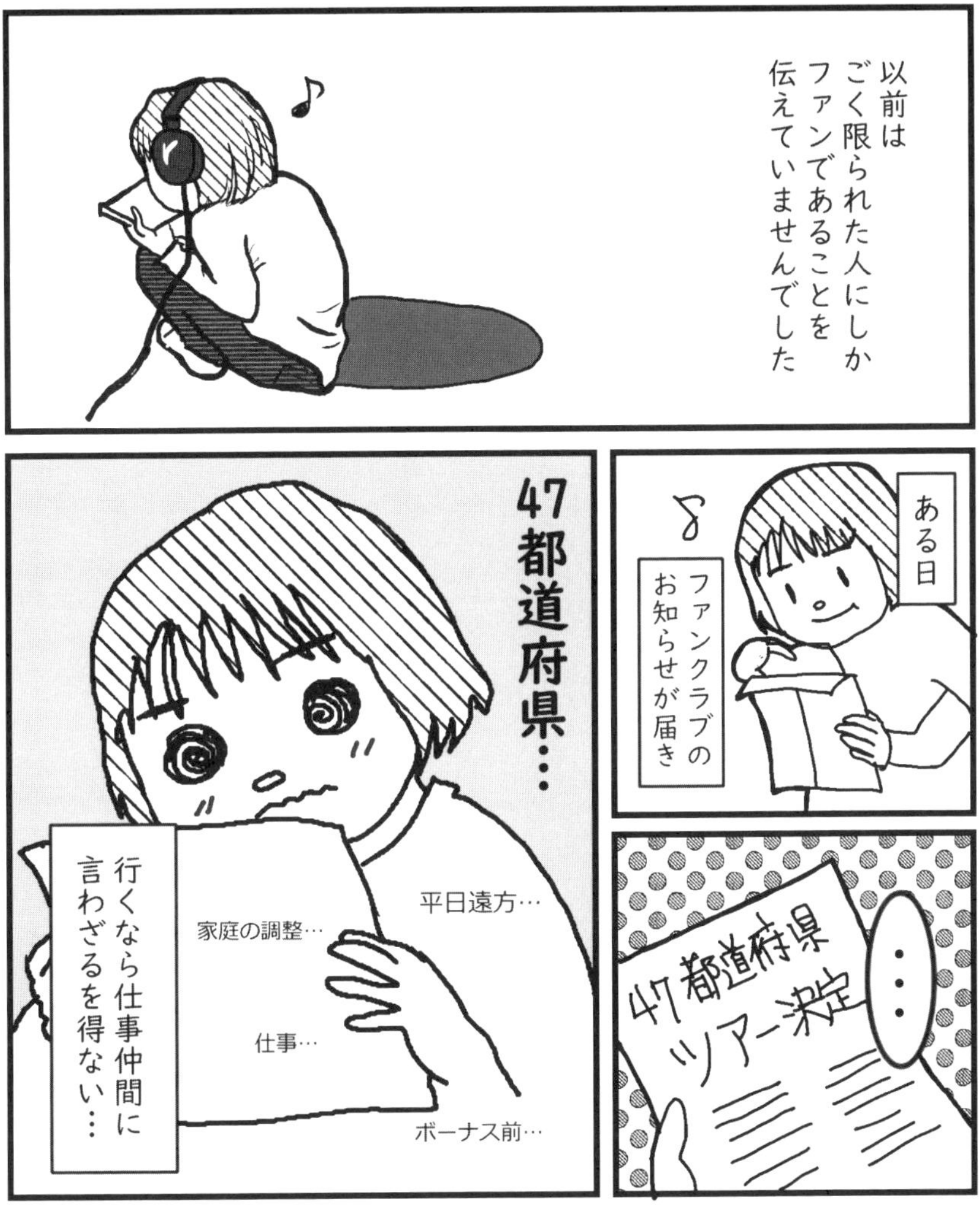

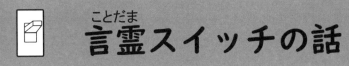

次の日
あの…
ごくり。
？
私、バンドのファンで、ツアー絶対行きたくて…
言った！
平日何日か休むから！

行けばいいじゃん。いいよね、彼ら
休めるときに休んだほうがいいですよ
あら、あっさり。
ライブに行くことに加え、ファンであることをわかってもらえたのがうれしくて
思わず
47都道府県あるんだけどね
47!?
全部は無理だけど
できるだけ行きたくて

なぜか「がんばってるね」ととても褒められました

しかし言霊の本領が発揮されるのは、ここからでした

後日

ＣＤが２枚あったので１枚どうぞ
今月号の雑誌に載ってたよ
やけに情報が集まるようになったのです

言霊によって
「あの人は○○だ」と
フラグが立つと
周りの理解が得られ
ラクに楽しくなりました
楽しそうだね…(笑)
ワークライフバランスを地でいってるね…
あの人、たしか音楽好きだから聞いてみよう

いろいろな言霊を発動させた友人がいますが
それぞれに楽しそうなので
Jリーグサポーター
歌劇ファン
BANDファン
メーカーファン
アイドルファン
私も言って
よかったなあと
思います

解説：

言霊スイッチはファンであることを表明させ、自覚させることである

今でこそ私も自他ともに認めるファンですが、最初はだれにも言っていませんでした。必要に迫られて周りに言った結果、みんなから褒められておだてられて、好きという気持ちが続いてきました。それがなかったら、今もこんなに偏愛が高いかわかりません。

なぜならファンは移り気です。浮気性です。もっと素敵な送り手に出会ってスイッチが入ってしまうとそちらに心を奪われることも大いにあります。

それを防ぎ、偏愛を維持してもらうにはどうしたらいいのか。

もちろん送り手が素敵な商品やサービスやコンテンツを発信し続けることは基本ですが、実は別のスイッチを入れることが、よりファンがファンとして自覚し、ファンで居続けようと思うことの一助になります。

それが「言霊スイッチ」です。

「ファン未自覚期」に注意

実は大半の人はファンのスイッチが入っていても自分がファンだと自覚していないことが多いのです。「好きなんですか?」と聞かれて「そうですね」と肯定することはあっても、ファンであることを認識していないことも多く、ましてやファンだと公言することは少ないでしょう。

いわば**「ファン未自覚期」**です。

この時期はとても危うく、いつでも偏愛度が下がる可能性があります。

［明治「カール」の販売エリア縮小のニュース］

明治「カール」、東日本での販売終了へ

ラインアップも２種に縮小

2017/5/25 16:50

保存　共有　印刷　その他

明治は25日、スナック菓子「カール」シリーズの販売を東日本で終了すると発表した。主力の坂戸工場（埼玉県坂戸市）など全国５カ所の生産拠点のうち８月中に４カ所で生産を終了し、子会社である四国明治（香川県三豊市）の松山工場（松山市）１カ所に縮小して西日本限定で販売する。ラインアップも主力の「チーズあじ」「うすあじ」のみにして、「カレーあじ」「大人の贅沢カール」「小つぶカール」は生産終了する。

画像の拡大

主力の「チーズあじ」など２種が西日本限定販売になる明治のスナック菓子「カール」（25日）

カールは約50年間販売されてきたコーンのスナック菓子のロングセラー。テレビCMで長年使用してきたキャラクター「カールおじさん」も認知度が高い。

（出典）Nikkei.com 2017/5/25
https://www.nikkei.com/article/DGXLASDZ25I0J_V20C17A5000000/

一番想像しやすいのは、送り手が売り上げ不振のケースです。最近ではロングセラーが売り上げ不振で販売中止になるなんてニュースが流れることがあります。

たとえば明治のスナック菓子「カール」は2017年に販売エリアが縮小され、手に入らない地域が増えました。そのようなときに「ファンだったのに」「なくなって残念」という声を上げる人がいますが、それはまさにファン未自覚期の症状です。ファンとして確固とした意識があれば、実際に買うことはもちろんのこと、もしかしたら周囲の人々にお勧めしていたかもしれません。

言霊スイッチは「自他ともにファンだと認める」、ファン認定の決定打

ファンだと自覚することは、日々の生活の中で自分の好みを把握し、それが与える影響を少なからず意識します。

たとえばカメラ機能が優れている特定のスマホメーカーのファンだと自覚している

人がいるとしましょう。その人は自分が好むスマホの条件を自覚しているので、他の新商品が出ても「自分が好きなこのメーカーと比べてどうだろう」と考えます。また写真を撮るたびに「いつも写真がキレイでいいな」「SNSで褒められるからやっぱりこのスマホのおかげだな」と感じることもあるでしょう。

大げさに言うと、ファンだと自覚している人は、自分の生活のなかのいろいろなシーンで、ファン基準でものごとをとらえます。そのたびファンであるブランドや商品のことを考えるので、より偏愛度が高まっていきます。

たとえばとあるチョコレート菓子Aのファ

［ファンはファン基準でものを選びはじめる］

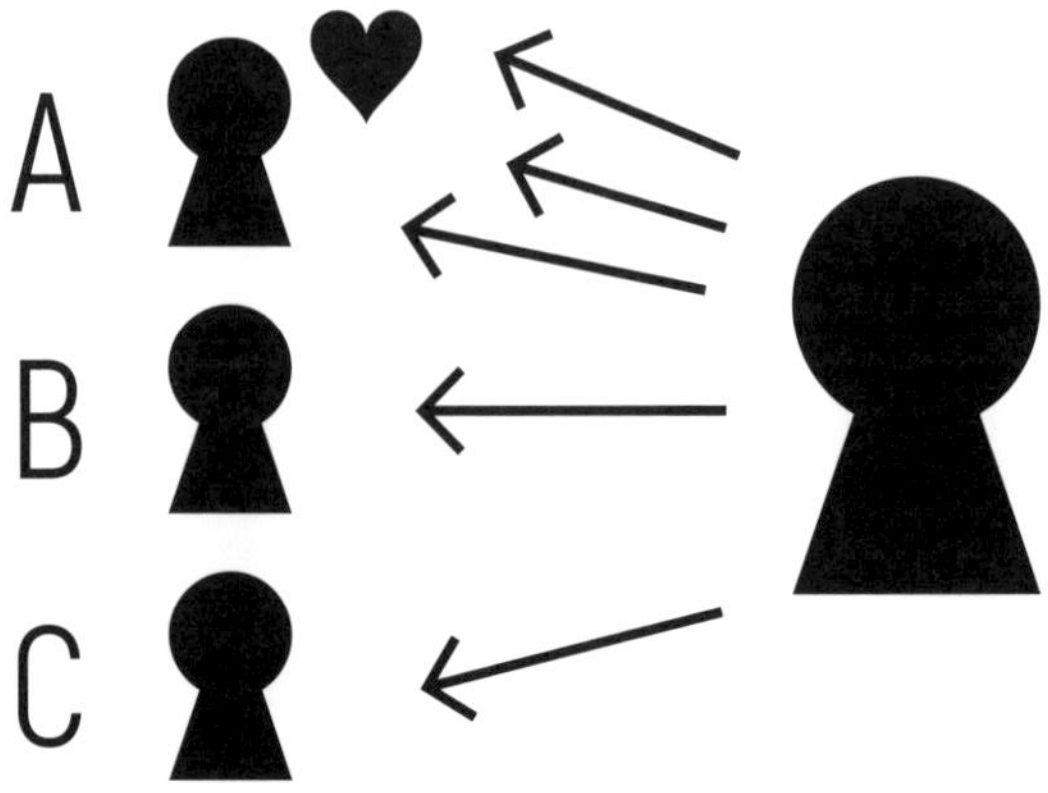

ンの人が、自分がファンだと認識していれば、コンビニの棚の前に立ったときに、瞬間的には「いつものAと比べて、こちらのチョコBはいいのかな」と考えるので、たとえその時にチョコBを選んだとしても「私は普段Aが好きだ」「やっぱりAのほうがおいしいな」と思うことでつながりを意識し続けることができます。

反対にファン未自覚期は「チョコはあえて言えば好きなものもあるけれど、毎回（買うものが）変わるかもしれない」と非常にあいまいな状態なのです。

それだけ**自覚するか否かがひとつの分かれ目**なのです。

そしてファンにとって、**ファン自覚をより強固なものにするのが「他人からのファン認定」です。つまり「自他ともに認める」**状況です。

周辺の人からファン認定されると、自覚がより強固になり、周辺からのメリットもたくさんあります。そしてファンから逃れにくくもなります。

私のエピソードに書いたように、言霊を発することで情報が集まり、ワークライフバランスが推進される中、私のファン活動も認められるどころか褒められるようになりました（笑）。

ファン自身がファンであることを自覚をさせるために、そして周辺からファン認定させるために有効なのが「言霊スイッチ」なのです。

言葉にすることで、今まであいまいだった気持ちがはっきりし、周りにも伝わります。

いかに言葉にさせるか、というのが言霊スイッチのポイントです。

言霊スイッチは、簡単には入らない

言霊スイッチは、他のスイッチと比べて難しい点があります。

それは周囲を巻き込むことです。

よりそいスイッチや特別扱いスイッチは送り手と受け手の関係だけでしたが、言霊スイッチはひとつのカミングアウトですので、伝える相手が必要です。誰に伝えるのか、いつ言うのかということがハードルになることもあります。気軽に「私は◯◯好きなんだ」と言えるとよいのですが、相手がどのような反応をするか気になってしまう場合もあります。「こんなものにハマっているなんて言いにくい」「別に言わなくても支障はないし……」「意見が違ったら面倒くさい」と思い始めると、ファンだと言わずに終わってしまうことが多々あります。

それがアーティストなのか、商品なのか、サービスなのかによっても違いますが、自分が所属しているコミュニティからはみ出したくない、と思う人もいます。

たとえば若者の間では仲間の雰囲気を壊したくないという世代的な特徴も見られます。

リアルなコミュニティではファンだとは言

［言霊スイッチの難しさは「相手がいる」こと］

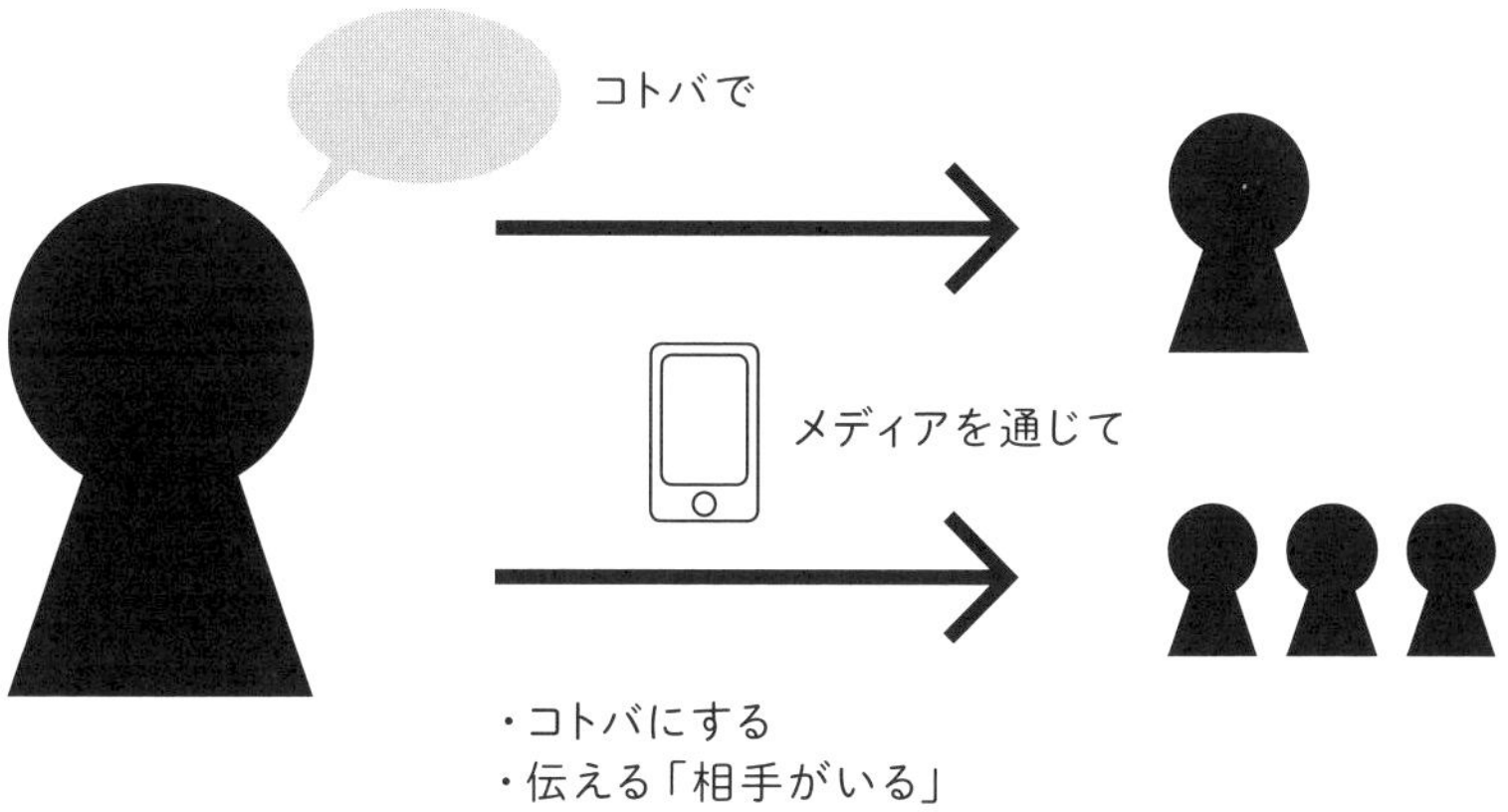

いにくい、あるいは人間関係を分けたほうがよいので、SNSではリアルな友人とそれ以外で、アカウントを使い分ける人も多くいます。2015年の調査では高校生は、「Twitterで平均3アカウント以上を使い分けているという結果もあります。これは3年前の調査ですので、現状では他のSNSも含めるともっと多数のアカウントを使い分けていると推測されます。

では言霊スイッチを入れやすくするにはどうすればいいのかを考えてみたいと思います。

[アカウントを複数持ち、話題を使い分ける若年層]

平均個数	Twitterアカウント数
高校生	3.1個
男子	2.7個
女子	3.4個
大学生	2.5個
男子	2.6個
女子	2.5個
20代社会人	2.7個
男子	2.8個
女子	2.6個

(出典)電通総研「若者まるわかり調査2015
Twitter登録者ベース
http://www.dentsu.co.jp/release/pdf-cms/2015038-0420.pdf

まずはファンだと言いやすい環境を作る

私のように必要に迫られて言葉にすることもありますが、理想は自然と、ファンだと言えることとです。言い換えれば、**「言の葉に乗りやすい環境」、つまり話題になりやすい環境になっている**ということです。

流行している状況は、もっとも言霊スイッチを発動しやすい状況です。

ひとりで盛り上がっていても誰もわかってくれないと寂しいと思うことありますよね。でも周りが話題にしていて、自分以外にもファンがいれば、自分がファンだといっても話題が広がり受け入れてもらいやすい。つまり言霊スイッチを安心して発動できます。

「○○な時」を作る・狙う

とはいえ流行している状況を作る、というのは非常に難しいものです（そんなに簡単にブームが作れたら広告屋さんなんてとっくの昔に廃業しているのではないか…と思います）。もっと広い視野で考えると、「タイミングを作り、その時にファンだと言いやすい状況を作る」ことです。

たとえば新製品が出たら「実は○○が好きなんだよね」と言いやすい。ネットで書き込みもしやすいかと思います。

あるいはプロ野球で考えてみましょう。あなたがセントラルリーグでトップを走っているチームCのファンで、会社の同僚が現状リーグ最下位のチームDの熱烈なファンだとしましょう。あなたはチームCのファンだと言ったことがなくて、その人の前で、リーグ戦中に「実は自分がチームCのファンなんだ」と話せばもちろん楽しく会話をすることはできますが「今、争っている相手だよなあ」とお互い意識をして微妙な空気が流れる可能性もあります。むしろパシフィックリーグチームとの交流戦の時期であれば、どのリーグの球団もフラットに競い合っているので、それまでの競争意識とは違う視点でお互いの言うことに耳を傾けることができるかもしれません。

少しのタイミングのズレで、ファンだと言いやすい・言いにくい状況が変わります。ある程度日程が読める社会的なニュースに合わせて言いやすい環境をつくることもひとつの方法です。季節や時事ネタに合わせて情報発信をするのも、常套手段です。

Column

ネットでよく見る「今日は何の日？」

SNSで「#〇〇の日」という投稿を見かけたことはないでしょうか。

これはまさに「〇〇な時」を狙った手法です。

代表的なものは休祝日、節気（中国由来の太陰暦に基づいた季節の区分。二十四節気の他に、二十四節気をより細かく分けた七十二候もあります）、自然現象（夏至や冬至、月の満ち欠けなど）。その他にはいろいろな記念日があります。

15日が「いちごの日」と29日が「肉の日」と慣習的に使われているものから、社団法人日本記念日協会などに登録されている記念日もあります。

SNSなどを見ている受け手には、気軽なニュースとして「へえ、そうなんだ」と受け止めてもらえるので、頻繁に接点を持ちたい場合は、ひとつのネタとして有効といえます。

ただしブランドや商品と、「〇〇の日」の内容がリンクしていないと、印象に残らないどころか、ただの便乗という印象になりやすいので避けてくださいね。

またワールドカップやオリンピックなどは、その名称やロゴなどをマーケティングとして利用できるのは組織委員会からマーケティング権を得た公式スポンサー企業や組織だけです。それ以外は「アンブッシュ（待ち伏せ）」マーケティングとしてトラブルになる場合がありますのでご注意ください。

一番わかりやすいのは「新しい情報を自ら作る」

送り手として一番仕掛けやすいのは新しい情報（ニュース）を発信するときです。

たとえば新商品・新サービスのリリース、リニューアルなど。

種類によってはそんな頻繁に商品を変えることなんてできない場合もあると思います。その場合は今までコミュニケーションしていなかったターゲットに対してメッセージを送ってみる、今まで紹介してこなかった機能などにフォーカスして伝えてみてはどうでしょうか。

実は、送り手では当たり前だと思っていたことも、角度を変えることで（まったく新しい事実ではなくても）ニュースにすることができることがあります。ニュースを作る、ということは、最初に書いたように「送り手は変化し続ける」こととも共通しています。

繰り返しになりますが、私はファンとは、「送り手の『次』に期待している状態」だと考えています。それは単発で売れるだけでなく、売れつづけて経済が回る仕組みであるのと同じように、送り手とファンとの関係の理想も、有機的に継続的に相互に成長していくことだからです。

そこには変化が必要です。変化がないと、ファンは次を期待しなくなり、同じものを繰り返し消費するだけになります。運が良ければファン自身がいろいろな楽しみ方をしてくれるので自走してくれますが（こちらは第5章で述べます）、飽きてしまう方が多いでしょう。

五百年以上の歴史がある和菓子屋「とらや」でさえ、歴史のうえにあぐらをかくのではなく『『今』の時代のお客様においしいと思ってもらえること」で生き残ってきたと語っています（※）。

「とらや」の歴史を見ていると、商品かコミュニケーションか、何らかの変化をすること、そして変化し続ける勇気が必要なのだと強く感じます。

キャッチーな「言葉化」されているのも有効

ほかに「言霊スイッチ」が発動されやすい状態とはなにか。

言いやすい、つまり「言葉化されている」ということもスイッチ発動に貢献します。

私が以前担当したマガジンハウスの「オリーブプロジェクト」でも同じような現象が起きました。

「オリーブ」は1982年に創刊されたティーン誌で、ファッションからカルチャー、

（※）Nippon.com記事よりhttps://www.nippon.com/ja/features/c01401/

ライフスタイルまで独特の世界観で紹介し、「オリーブ少女」と言われるファンを多く生みました。

　マガジンハウスの創立70周年記念事業として、2015年にファッション誌「GINZA」の特別付録として、「おとなのオリーブ」を刊行しました。1980年代から90年代にオリーブと共に青春を過ごし、大きな影響を受け大人になった元オリーブ少女たちに大きな反響を呼んだ企画となりました。ここでもやはり「オリーブ少女」という呼び名の強さがあらためて証明されました。

　企画のひとつとして原宿にバックナンバーが読めるカフェを期間限定でオープンしたの

［マガジンハウス「オリーブプロジェクト」］

ですが、そこにいらっしゃるお客様が「私もオリーブ少女で…」と口々におっしゃるのです。

さらには見知らぬお客様同士で会話が始まり、同じファン同士ならではの共感が生まれていました。自分もそうだ、と（いい意味での）レッテルが貼れたのは、ファンであることを明確にし、言霊にしやすい状況を生み出していたのです。

またほかにも「オリーブ川柳」を募集したところ、自らを「オリーブ少女…」と呼びながら一句書いてくださったファンが大勢いました。「オリーブ少女」と言葉にすることが、あらためてファンであることを確認することにつながっていました。

同じ呼び名の事例では、広島ファンの女性を「カープ女子」とよぶ現象が２０１３年ごろからメディアなどで見られるようになりました。

球団側は女性ファン増加のための施策を２０１３年以前から取り組んでいましたが、「カープ女子」と言葉化されることで一気に言の葉に乗り、カープは女性ファンが増えているという印象を築きました。今までの「カープファン」とは一線を画した新鮮な印象があり、今時っぽい香りもして、「私も実は…」とか「あなたもカープ女子じゃない？」とファンが告白しやすくなったのではないでしょうか。

「カープ女子」や「オリーブ少女」はファンそのものを指す言葉ですが、商品やサービスが呼びやすい名前になっている、あるいはイベント名が面白くて参加したくなるなど、いろいろな形式が考えられます。

言霊はネットで発動してもいい

最初に書いたように、何かタイミングによって背中を押されない限り、リアルな会話のなかで「○○のファンなんです！」と主張するのは覚悟がいります。リアルで発したほうが影響が大きいのでスイッチとしては効果的ですが、なかなか難しいもの。

視点を変えて、ネット上で似た効果を得られれば、そのほうが受け手にとって気楽なケースもあります。

ネットで言霊スイッチを入れる場合、二つのステップに分かれます。まず受け手本人がファンであることを自覚すること。そして次に「ファンなんだ」と他人に伝えることです。

リアルもこの二つのステップを取っているのですが、言霊を発した瞬間「自分がファンだ」と自覚し、同時に他人に伝えることになるので、行動は一つです。

ステップを具体例でいうと…

ステップ①　受け手本人がファンだと自覚すること

SNSで送り手の公式アカウントをフォローする、同じ趣味や同じ商品が好きな人をフォローするなども、ファンであることを自

［ネットの場合は言霊スイッチ発動まで二段階ある］

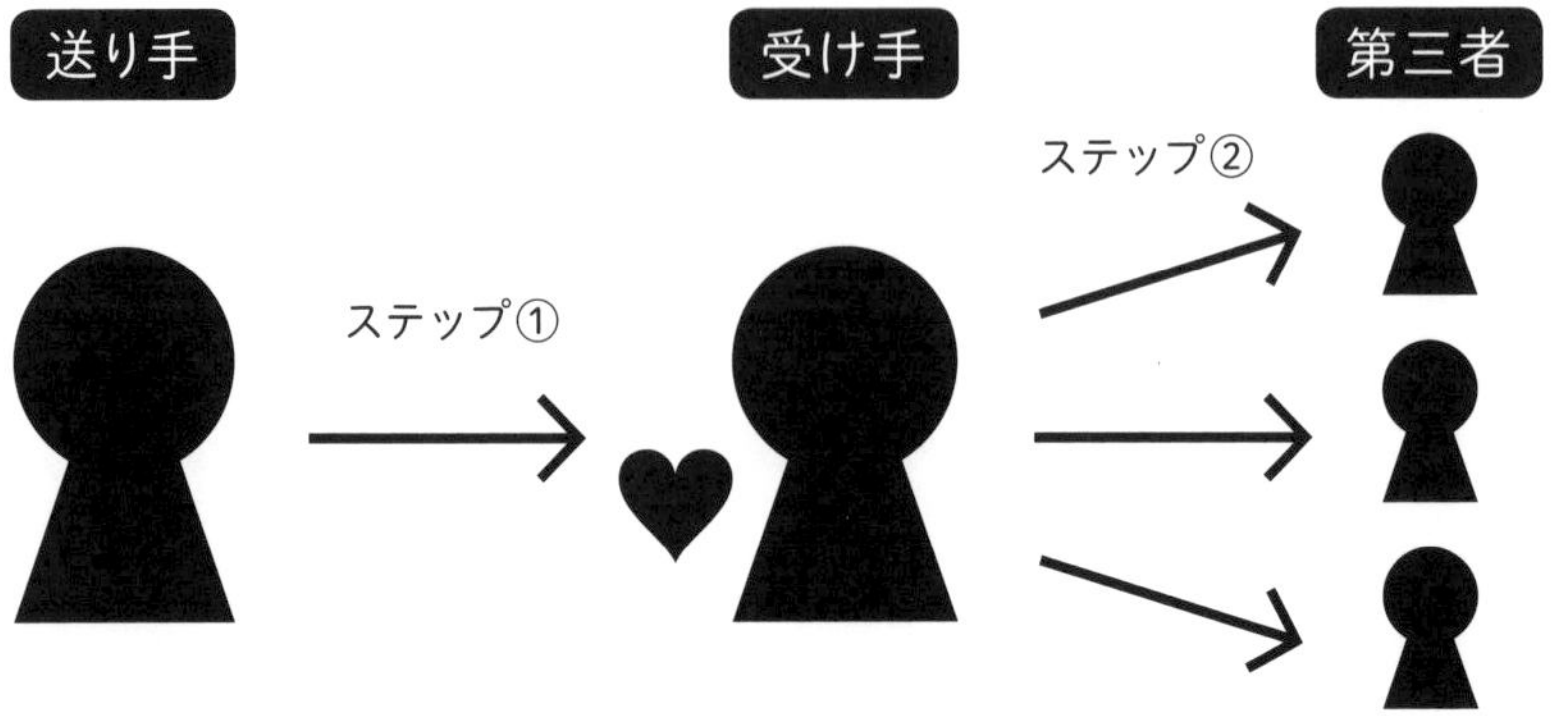

覚するという意味では大きなステップです。

ＳＮＳでフォローするというのは、情報を取りに行き、その情報が入ってくるのを歓迎していることのあらわれです。この段階ですでに能動的であり、ファン度が高まっています。ここでは受け手と送り手の一対一の関係です。

ステップ②　ファンであることを他人に伝えること

ここでは他人に伝えることをしますので、送り手受け手以外の第三者が図式の中に入ってきます。

Twitterであれば投稿をしたり、リツイートで友達に拡散すると、受け手の人がどのアカウントが好きなのかを友達に知らせることになります。

この例ではＳＮＳを意識しましたが、アプリかもしれませんし、チャットかもしれません。それはどんなファンにスイッチを入れたいか等によって変わります。

ネットのほうがリアルよりも気軽に言霊スイッチのためのアクションが取りやすい

反面、情報の大海に情報が埋もれてしまい、スイッチがうまく入らない可能性も高いです。

そこはどんな情報を発信し、その先受け手にどのようなアクションを取ってほしいか、どんなふうに言霊にできる環境を作るか、計画とともにクリエーティブな仕掛けをぜひ作ってください。

まとめ

Qどうしたら偏愛を維持できるのか？

Aファンであることを表明させ、自覚させる言霊スイッチを入れよう

言霊スイッチ＝言葉にすること、表明することで

「自他ともにファンだと認める」ファン認定の決定打。

だが、実は発動しにくい。

ポイントは

・言いやすい環境を作る
・言いやすいタイミングを作る
・新しい情報を作る
・「言葉化」されていると言いやすい
・リアルが理想的だが、ネットでも言霊スイッチは入れられる

第4章 脱落を防ぐにはどうしたらいいのか？

◀ファンをつかまえたらつかまえたで、
悩みは多い。そんなときは…

回答：「仲間スイッチ」があります

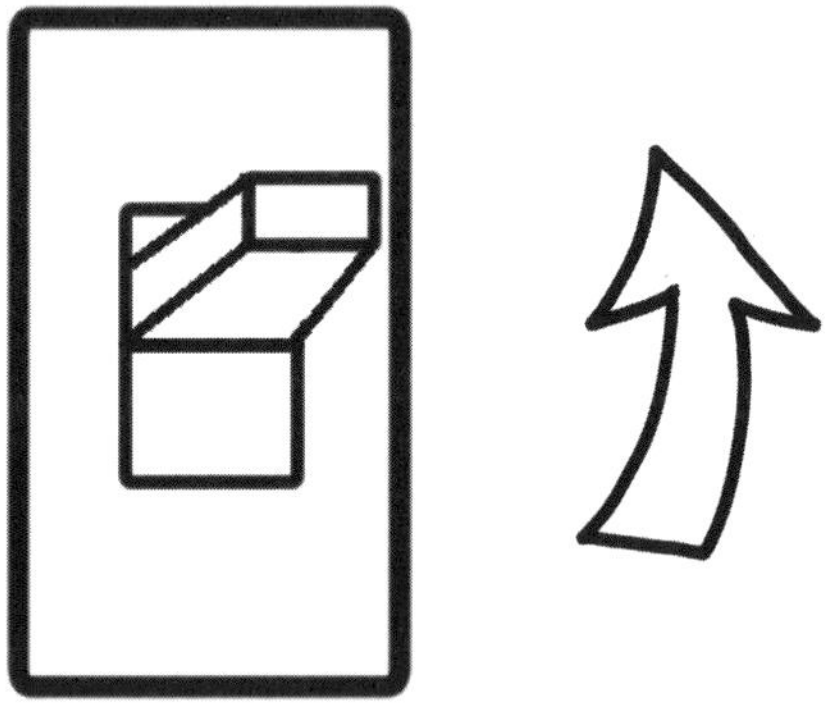

仲間スイッチの話

私には一緒に活動している「相棒」がいます
相棒
たまに弱音を吐くと
風邪ぎみだから来週のライブ行けるか不安になってきた
キャンセル検討する前に治しなさい

厳しい指導が入るので
はいっ！
うむ
いい意味で常にプレッシャーがあります
逆もまたしかりで
この遠征、出張が入るかも…
一人で行けと…？
いや まだ わからないよ…
精神的にも

体力的にも
遠征先のホテルにて
まかせろ！先に行って
グッズ買っておく
疲れたよぅ…
開場時間まで休みたい
情報面でも
News!
支えあって
生きてます
いろいろなカタチの
仲間がいるんだなあと
思ったのが、
とあるライブで

●●さあーん
どうやらふだんは
ネットでつながり、
ライブの時だけ
リアルで会う仲間のようです

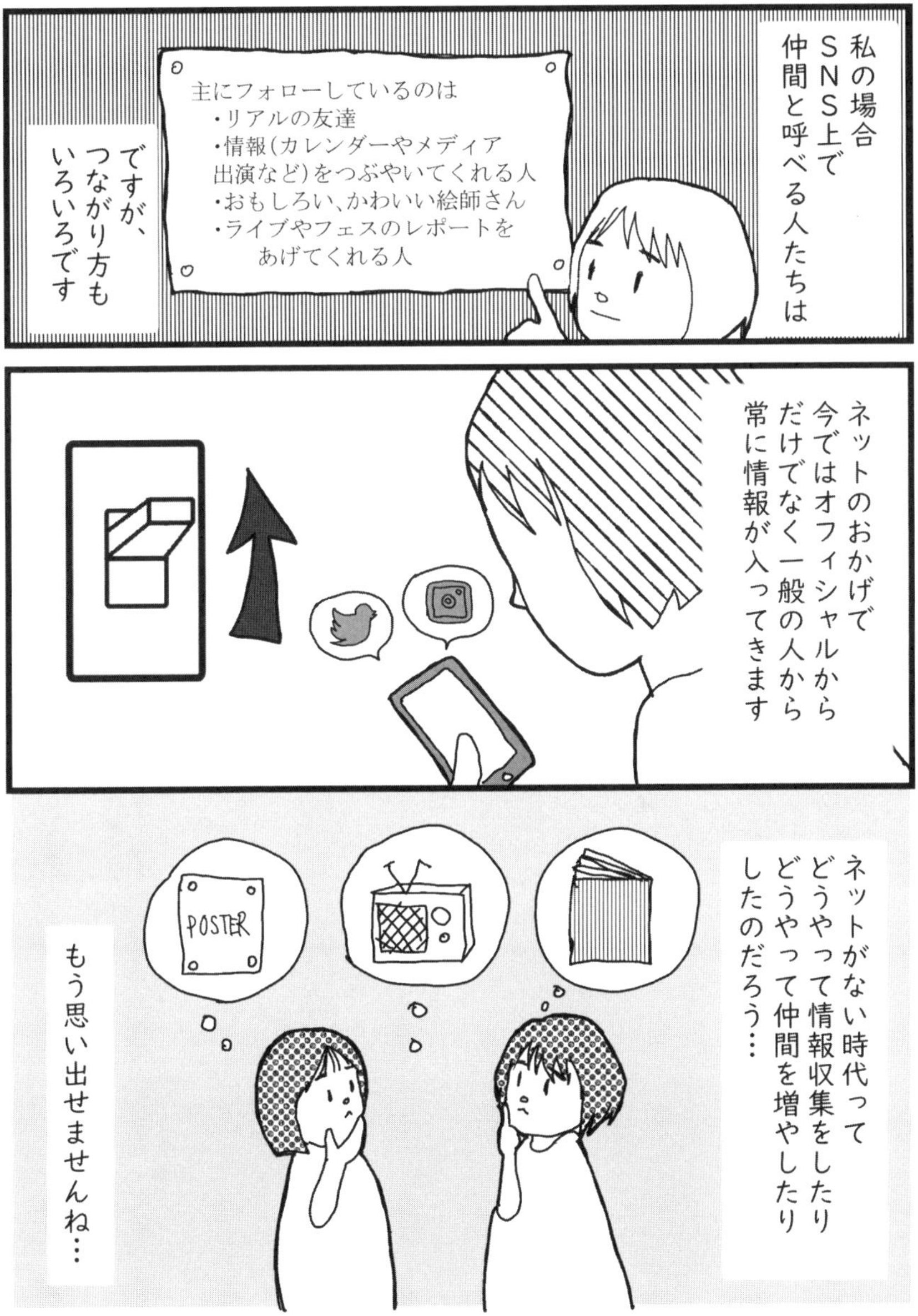
私の場合
SNS上で
仲間と呼べる人たちは
主にフォローしているのは
・リアルの友達
・情報(カレンダーやメディア出演など)をつぶやいてくれる人
・おもしろい、かわいい絵師さん
・ライブやフェスのレポートをあげてくれる人
ですが、
つながり方も
いろいろです
ネットのおかげで
今ではオフィシャルから
だけでなく一般の人から
常に情報が入ってきます
ネットがない時代って
どうやって情報収集をしたり
どうやって仲間を増やしたり
したのだろう…
POSTER
もう思い出せませんね…

解説：

仲間スイッチとは、ときにプレッシャーにもなるつながりを作ることである

正直に言うと我ながら、よく二十年以上も偏愛が続いていると感心します（呆れます）。

ダイエットや勉強や仕事も辞めずに続けるのは難しいですが、ダイエットや勉強や仕事は目標値があればまだモチベーションを維持できます。一方、偏愛には、目標もゴールもありません。ＫＰＩだってありません。だからこそ非常に脱落しやすいのです。

前章では「維持」のスイッチについて書きましたが、これだけ続けることが難しいのであれば、維持するモチベーションとは違う「脱落しない」ための秘訣があるのではないかと思い、この章を設けました。

長く続けると必ず直面する脱落率

脱落するきっかけはさまざまです。

まず受け手側が変化することもあります。受け手の環境の変化など事情もあり得ますし、他の人が盛り上がり始めると「私だけが知ってると思ったのに」「新しいファンは私とノリが違う」と思うこともあります。次に送り手の変化についていけず「私がもともと思っていたものと違う」と離れてしまうこともあります。他には送り手が提供している価値が大きく変わったり、届け方が変わったことで情報が行き渡らなかった…ということもあるかもしれません。

いずれにせよ、なるべく脱落する人を少なくするのは、ファンとの関係を継続するうえでも重要なことです。せっかくファンとつながって、その関係を維持していたのに、脱落してしまう人がいるのはもったいない！

［脱落はもったいない］

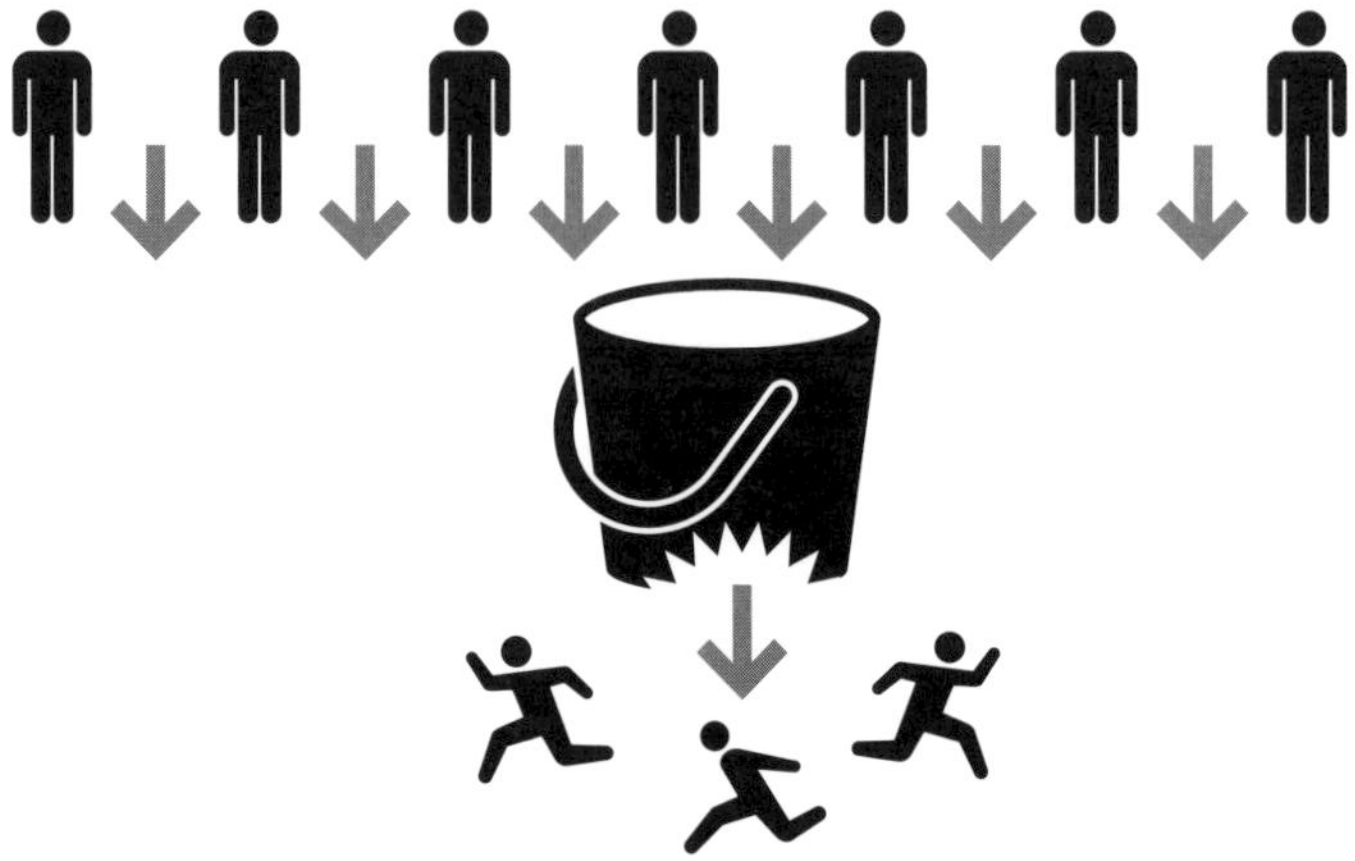

脱落は、マーケティングではよく穴の開いたバケツを使って例えます。

新規ユーザーがバケツに入る水（新規獲得）だとして、バケツに穴が開いていると水が漏れていきます。つまり穴の大きさが脱落であり、入る水に対して漏れていく水の割合が脱落率となります。新規を多く獲得してもバケツの穴が大きいとどんどん漏れていってしまうのでバケツの中に水（ファン）が溜まらない。またバケツの穴が大きいほど、新しい水を入れる量が増えてしまって非効率的だということです。

いかにこの穴（脱落率）を少なくするかがポイントです。

誰にも言わない、誰も止めない「一人でこっそり好き」は、偏愛度が下がりやすい

三日坊主、と言われるように、何かが長続きしない場合、多くはそれを外に宣言してないことが多いのではないでしょうか。「やるぞ!」と他人に宣言していると、す

ぐ辞めてしまうのが恥ずかしいということもあります。誰にも言わない偏愛は辞めても続けても他人にはわかりません。言ってしまえば、言霊スイッチの裏返しでもあります。言霊スイッチで見たように、これが好きなんだ、と偏愛を告白すると、他人から認められたり、褒められたり、情報が集まったりすることがあります。それとは逆に誰にも言わなければ、好循環は起きにくくなります。

誰にも言わないという状況は、自分が好きなようにコントロールできるというメリットがある反面、**偏愛が自分で完結してしまうため、他の人や環境などの影響を受けにくく、脱落を抑止してくれるものがないということです。**

さらに言えば、リアルな世界だけではなく、SNSなどで仲間とつながっていない場合も同じです。コミュニティに入っていて会話を交わしているのは一番活発な交流で、突然会話に入ってこなくなると、他のメンバーが「どうしたの?」と声をかけてくれることも多く、たとえ一瞬偏愛度が下がっても、仲間が声をかけることで回復することもあります。

また、そのコミュニティの人をフォローしているだけでも情報が常に入ってくるため、「誰かとつながっている」状況だけでも偏愛を常にリマインドされるため脱落の危険性が少し減ります。

仲間となんらかのつながりを持っていることが、偏愛からの脱落を防ぐのです。

人は一度仲間になると、同じ仲間が脱落したり離れたりすることを嫌がります。なぜならば団体で行動することのメリットが大きいからです。情報を教えあったり、利益を融通しあったり、ときにはファン行動を超えて私生活で支えあっている人もいます。

ちなみに私はパフェ好きの同僚や友人との

［仲間がいるとコミュニケーションが起こり、脱落しにくい］

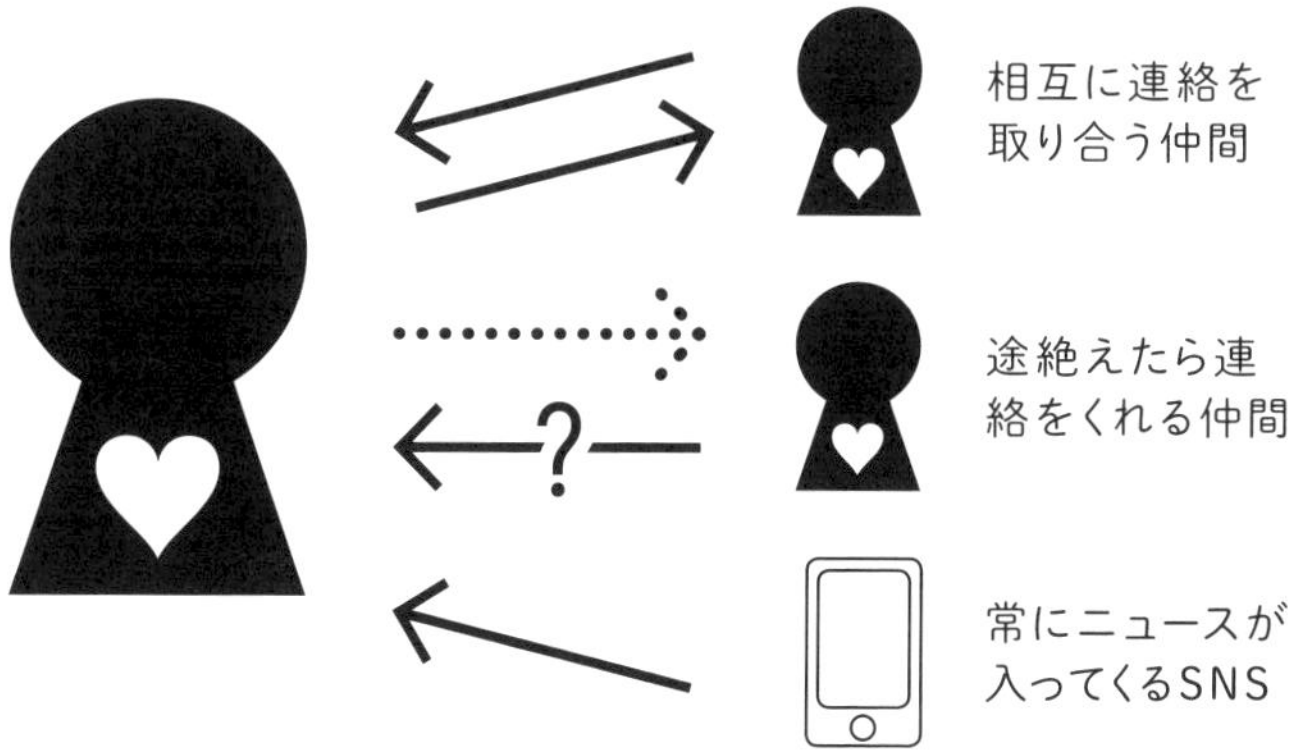
相互に連絡を
取り合う仲間
途絶えたら連
絡をくれる仲間
常にニュースが
入ってくるSNS

間で「パフェ部」という同盟を組んでおり、新しいお店や新メニューを誰かが食べたら教えあっています。こんなライトな「仲間」のパターンもあります。たとえば私が「パフェが食べられなくなったので活動をやめたい」と言ったとしたら、もちろん引き止めらることもあるでしょうが、事情を話したら「また行けるようになったら連絡してね」と温かく見守ってくれるでしょう。

仲間というのは、ファン活動から脱落するのを防ぐとともに、**万が一脱落してもまた戻るきっかけにもなり得る**のです。

偏愛脱落を防ぐ「仲間」には種類がある

仲間となんらかのつながりがあることが偏愛脱落を防ぎますが、仲間にはいろいろな種類があります。家族の場合もあれば、友達同士の場合もありますし、ファン活動の結果として知り合った人の場合もあります。

大きく分けると家族、クラスメート、同僚などファンの活動とは無関係のつながりがファン同士のつながりに発展した場合と、ファン活動をきっかけにつながった輪です。

前者は何らかのきっかけで一緒にファン活動を行うようになり、お互いがいることで脱落を防ぐパターンです。

後者はファン活動をきっかけにつながった関係です。たとえばＳＮＳで出会った人かもしれませんし、ファンミーティングで出会った人かもしれません。別のコミュニティの中で知りあった人が、同じサービスを受けていて、お互いファン仲間であったということもあります。ファン活動でのやりとりや共通性がつなぐ絆になります。そのつきあいがファン

[脱落を防ぐ仲間の種類]

元々のつながりがファン同士に発展した

・家族
・クラスメート
・同僚
・地域の友人　など

ファン活動以外でもコミュニケーションをとっているので影響が強い。

ファン活動をきっかけにつながった

・イベントで会った
・ファン友達を通じて紹介された
・SNSで同じ興味同士でつながった　など

ファン活動の範囲内では共通の話題は一つだが、それを超えた接点を持つとコミュニケーションがより活発に。

活動以外にも広がると、より人間関係に深まりが出る可能性があります。

結びつきの強さはさまざまですが、ファン活動を超えた領域でも結びつきがあるほうが強く作用します。また接点が多いほうが情報のやり取りが多くなります。たとえば地元のサッカーチームのサポーターとして知り合った人同士が、実はお互いの子供が同じ習い事をしていたら、サッカーの試合で会うだけではなく、習い事があるときに会うことがあります。会話もサッカーについてだけではなく習い事の話もするようになりますよね。いろいろな側面でつながると仲間としての広がりや深まりができていきます（もちろん同じ人とべったり付き合いたくないという場合もありますが）。

仲間同士のつながりを積極的に仕掛けて作る

放置しておくと脱落してしまう危険性がある人に対して、送り手ができることは、つながりを積極的に仕掛けることです。仕掛けには、いくつかのパターンがあります。

・元々仲間同士の人が一緒に参加しやすくする

当初一人で参加していた受け手が、友達を誘いやすい状況を作る、複数でしか参加できない状況を作る。たとえばペアで参加するイベントを企画するなど。

・受け手同士がつながるイベントやきっかけを作る

元々仲間同士ではなかった人同士が、ファンであることをきっかけにつながり、つながり続けるというのはハードルが高いものです。最初はまったくの赤の他人というケースもありますし、ファンであること以外の共通点が少ないので。個人同士のつながりではなく、「○○組」のようにチームとして扱うことで、仲間同士をつながる必然性を作るのもひとつの手法です。

・受け手同士がつながる場所・プラットフォームを作る

SNSのアカウントや、ファンが集えるリアルな場所を作ると、そこに集った人同士が会話を始める場合があります（特に女性のほうが社交的なので、横の人と仲良くなるケースをよく見受けます）。

SNSでは一人で書き込んだり、一人で読んだりと、孤独にファン活動を送りがちです。でも、SNSこそ、横でのつながりや拡散する機能を活かして、仲間のつながりを作ることに適しています。

同じSNSでも、Twitterなどはフォロワー同士がつながるということもしやすく、このような現象が起きやすいです。

私が携わった最近の事例で言うと、サッカーワールドカップが開催された2018年の6月に、Twitter Japan がおこなった「#マイベストイレブン」キャンペーンがあります。サッカー好き一人一人が盛り上がるだけでな

[Twitter Japan「#マイベストイレブン キャンペーン」]

く、「#マイベストイレブン」というハッシュタグが拡散することによって、サッカー好き同士がつながり、大きなムーブメントを作ったキャンペーンです。

サッカーファンでTwitterを使っている人は、普段から好きなサッカーチーム、選手、解説者やメディアをフォローして情報を仕入れたり、他の投稿にコメントしてツッコんだり、リツイート（RT）をすることで話題を拡散したりして楽しんでいます。お互い知らない同士でも、サッカーという共通の話題でつながり、盛り上がり、もっとサッカーが好きになる、という環境がすでにSNS上ではありました。ですがサッカー好きでもTwitterをまだ使っていない人には、その楽しみ方が伝わっていませんでした。

このような社会的出来事をみんなで楽しむ、新しい楽しみ方を提案するべくおこなったのが「#マイベストイレブン」キャンペーンです。

サッカーにまつわる有名人11名がまず先陣を切って自分なりのチーム（イレブン）を選び、「#マイベストイレブン」というハッシュタグをつけて公開。それを見た一般ユーザーが「わたしも作りたい!」とTwitterに遊びに来ると、オリジナルのフォーメーションが作れるジェネレーターが用意されていて、自分のフォロワー（仲間）に公開できるという仕掛けになっていました。面白いマイベストイレブンを公開すると、友達から「いいね」がついて、また話題が起きる、という現象が起きます。

いままであまりTwitterを使っていない人に、このような仕掛けを使ってもらうことで、サッカーの情報を受け取るだけ、読むだけでなく、話題にのったり、他の人につっこんだり、自分が面白いと思ったことを仲間とシェアしたりすることの楽しさを知ってもらうことを目的にしたキャンペーンです。

実際「#マイベストイレブン」で遊ぶ人も、拡散する人も非常に多く、さらに言えばサッカー関係だけではない大企業の公式アカウントがこぞってハッシュタグを使って遊ぶなど、仲間の輪がどんどん広がりました。


仲間をつなげる、というとリアルな仲間や濃い人間関係を思いがちですが、いまどきの仲間はいろいろな形があります。SNS上で興味でつながっているだけ、フォローしている人だけでも、一緒にネタで盛り上がる仲間になりえます。

ネタによっても仲間のスタイルの向き不向きがありますので、どんなネタでどんな仲間同士を作ってもらいたいかでアイデアが異なります。

まとめ

Q 脱落を防ぐにはどうしたらいいのか？
A ファンをつなぎとめ、時にプレッシャーにもなるつながりを作る仲間スイッチを入れよう。

誰にもファンと言わないのは、もっとも脱落しやすい状態。

仲間の種類としては

①家族、クラスメート、同僚などファンの活動とは無関係でのつながりがファン同士のつながりに発展した場合

②ファン活動をきっかけにつながった輪

仲間のつながりの仕掛け方

・元々仲間同士の人が一緒に参加しやすくする

・受け手同士がつながる場所・プラットフォームを作る

・受け手同士をつながるイベントやきっかけを作る

Column ハッシュタグ

SNS上で仲間を見つけるきっかけになるのはハッシュタグです（先ほどの事例にあった「#マイベストイレブン」のように「#」が付いたキーワード）。以前は検索サイトで検索するのが主流でしたが、最近では口コミや生の意見を見たいときはSNSでハッシュタグ検索するケースが増えているそうです。Twitterやインスタグラムは非常にユーザーがハッシュタグを効果的に使っているSNSです。

送り手目線で考えると、フォローされていれば情報を届けることはできますが、新しい人にリーチするためには、ハッシュタグを有効活用してフォロー外の人のアンテナにひっかかっていくことが重要です。

自分の商品やコンテンツ名などを載せるのはもちろんのこと、ぜひ他のハッシュタグに相乗りしてください。「#マイベストイレブン」キャンペーンは、Twitter側が仕掛けていますが、サッカー好きが相乗りして楽しむことを前提として意識していたように、ハッシュタグには仲間同士が一緒に楽しむ文化があります。SNSならではの楽しみ方を、送り手自身も楽しんでハッシュタグを取り入れたいものです。

ここで載せた例は、刻々と変化するＳＮＳの中ですでに流行遅れになっている場合もあります。ぜひ日々ウォッチしてください。私個人も「今日他の人から流れてきたハッシュタグが面白いから、取り入れてみよう」とその日のうちに反応して書き込むことがあります。翌日になったらその話題はもう消えている場合もあるので、素早く反応できるのがベストです。

・とにかく数が多いカテゴリーハッシュタグ

数が多いハッシュタグは、それだけ興味を持っている人が多いことを指します。またそれだけ検索する人も多い。タイムリーさが活きるTwitterに比べ、興味関心での検索が多いインスタグラムではカテゴリーで検索する人も多いのでより向いているハッシュタグです。

たとえば京都の観光に関する投稿であれば「#kyoto」だけでなく「#travel」「#japan」などメガハッシュタグをつけるのも忘れずに。

・タイミング系ハッシュタグ

別のコラムでも書いた「#〇〇の日」やイベントなどに絡んだもの、あるいはテレビ番組などいろいろな人が同時に楽しむもののハッシュタグがあります。以前テレビで映画「天空の城ラピュタ」をオンエアした際に、映画のセリフに合わせてTwitter上で「バルス」とつぶやくのが流行しましたが、これはハッシュタグは使っていないものの、タイミングを限定して楽しむという意味ではＳＮＳならではの楽しみ方で、ハッシュタグでも応用できる考え方です。

・つながり系ハッシュタグ

「#〇〇好きな人とつながりたい」とか「#描いた〇〇を見せるタグ」などは、同じ興味がある人をつかまえることができるハッシュタグです。「見てほしい」と同時に「見せて」というニュアンスも含んでいるので、お互いに仲間になるきっかけになります。

・ツッコミ系ハッシュタグ

特に Twitter は拡散や返信がしやすいメディアなので、やり取りが発生することを見込んで「#異論は認める」のようにツッコミを想定したハッシュタグもあります。また、ネット上に出回っているネタがユーモラスに展開されることもあります。

ハッシュタグの付け方に正解はなく、文章中に入れるか最後にまとめるかなどは、投稿で目指す雰囲気やSNSの種類にもよります。SNSの書き込みが上手な人のなかには、明らかに文章なのに、ハッシュタグにすることによって目立たせたりツッコミしやすくしたりする人もいます。

また見た目をきれいに、数を絞りたいという意見もあります。私個人は広告ではない限り、いろいろな人とつながるきっかけとなる技ですし、きっかけは多いほうがいいと思うので、読みやすさが担保されている限り、字数やハッシュタグ数の上限まで入れてもいいのではないかと思います。

第5章 どうしたら自走してくれるのか

一回スイッチが入ったら、
どんどん楽になると
思ったのに、結構
コミットメントが必要だなあ

ファンとつながり
続けるのはいいけれど、
正直ずっと続ける
体力がない

◀本音を言うとお金も時間もかけずに
ファンが勝手にどんどん盛り上がって
くれるといいのに…

回答：「自分ごとスイッチ」を入れよう

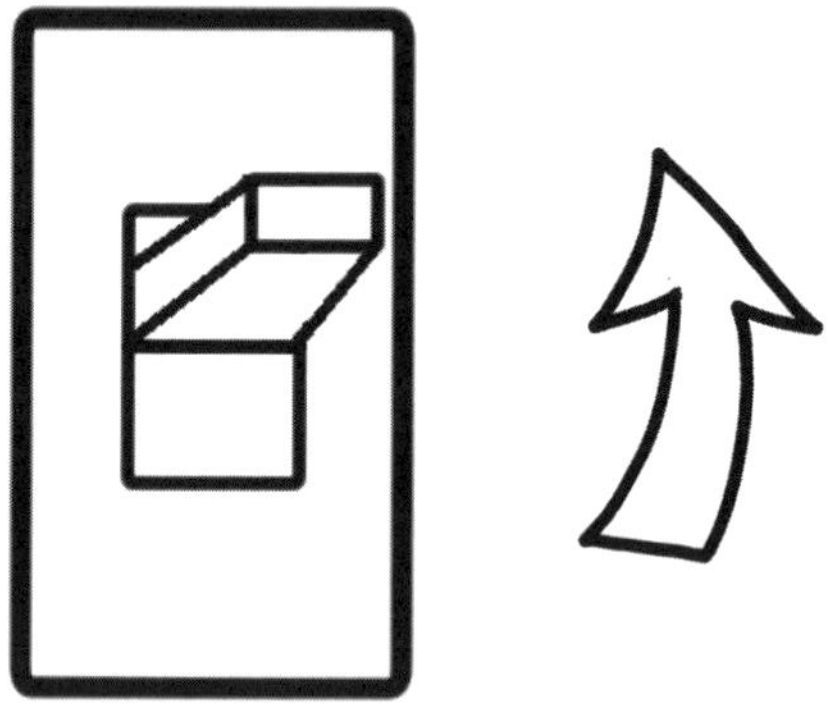

自分ごとスイッチの話

キャラ、アニメ、アーティスト好きを
悩ませるもの。

それは…

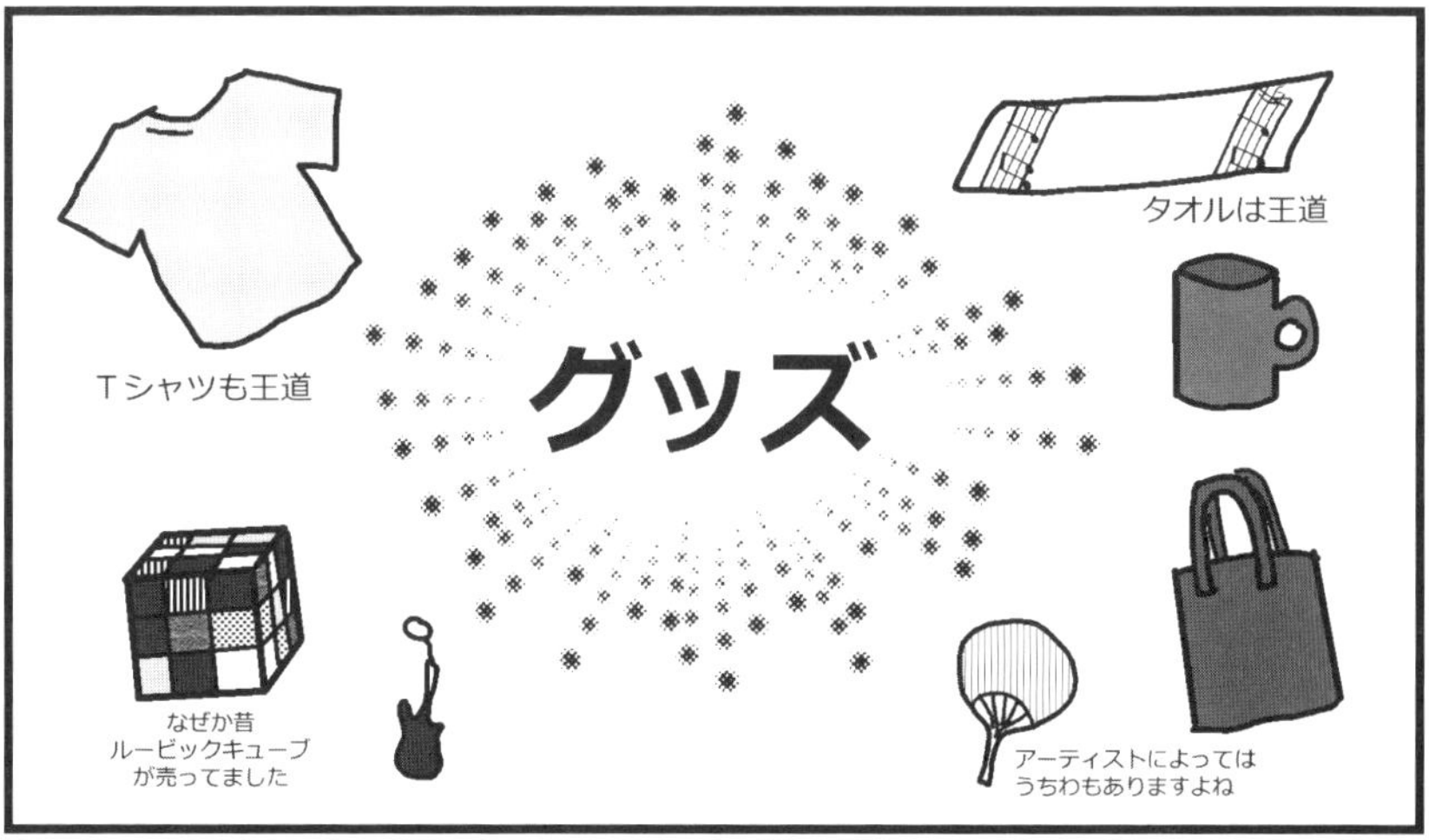
グッズ
Tシャツも王道
タオルは王道
なぜか昔
ルービックキューブ
が売ってました
アーティストによっては
うちわもありますよね

Tシャツに至っては
たまりにたまって
衣装ケース2個分…
48枚
みっちり
※2018年8月現在

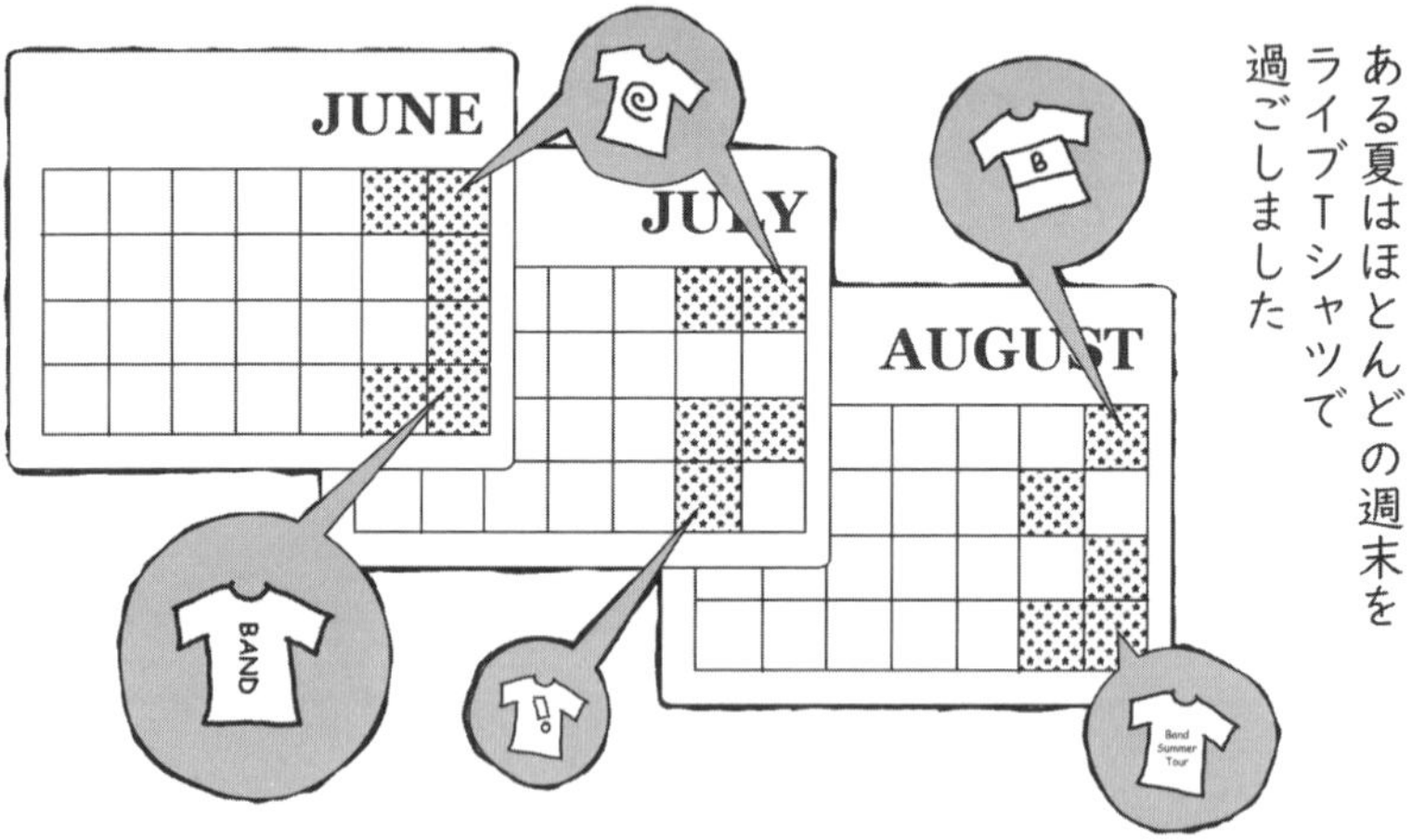
ある夏はほとんどの週末を
ライブTシャツで
過ごしました
JUNE
JULY
AUGUST
BAND
B
Band Summer Tour

それでも
まだ増えるのです…
夏ツアー
限定Tシャツ
BAND 夏
TOUR

ある日
買うかどうか
悩んでいたら
グッズ
ですか？
こちらは
アニメファンの後輩
Aちゃん！
いやあ
今度のTシャツ
要らないかなと思って
ありえません

事情で買えない時は無理しませんが
グッズは一期一会です
今年の思い出は今年のうちに！
そして何より…
あのアニメが見られなくなったら困るので
悩んだときは買います
ドン

なるほど
目ウロコ
本物の偏愛に出会った瞬間でした
買うわ！
次のライブのために…
Buy
ぽち
2枚オーダーしてますよ…
Buy 2
ひっ

解説：

自分ごとスイッチとはステークホルダーだと気づかせることである

このスイッチが入った時、大きく意識が転換したのを覚えています。それまでは私が好き、私の偏愛、と自分が主語で活動をしていたのですが、この時から「そのアーティストを私が（少しだけ）支えている」という感覚が芽生えました。

いちファンの私のチカラなんて微々たるものですが、大げさに言えば「私が投じた偏愛が戻ってくる」と思うようになりました。ただの受け手なのですが、あたかも自分の活動のように「自分ごと」になったのです。企業にとっての「ステークホルダー（利害関係者）」のようにお互い作用しあっているのだ、と送り手のことを強く意識するようなったのです。

サッカーチームのファンをサポーターと呼ぶのも、ただサッカーが好きなだけでなく、チームの活動を支えているという意味で「サポート（支援する）」する人なんだな、ということに合点がいきました。

しかし、このスイッチは賛否の両方をはらむスイッチです。

複雑な気持ちをはらむ、このスイッチ

「ステークホルダーだ」なんていうと、ファンである方から「そういう経済の論理と偏愛を一緒にしてほしくない」「ファンを金づるとしか思ってないみたいで、嫌だ」と言われることがあります。

その気持ちもよくわかります。私自身もお金や利害なんて考えずに、純粋にあのアーティストが好きだ、という気持ちから出発しています。

しかし送り手の立場で見たときに、このスイッチがうまく作用しないと送り手が活動できなくなることがあります。受け手としても、大好きだった人やモノがなくなってしまうのが非常に悲しい。そのような事態を避けたいという思いで、あえてここでは自分ごとスイッチについて書くことにしました。

では、送り手が活動できなくなる状況とは何か。たとえば前述のカールのように販

売中止になるような例です。

「好きだったのに」と惜しむ声を聞いたりするたびに複雑な気持ちになります。私も好きだった商品がなくなったり、好きだったアーティストが解散してしまったりしたら、とても悲しいです。

と同時に、少し反省します。「じゃあそれを買っていたのか」と聞かれたら、「そんな頻繁に買っていなかった」と答えざるを得ないことが多いからです。

そんなとき私は自分が本当の意味でファンではなく、ただの「消費者」だったのだなあと実感します。商品のスペックが悪かった、何らかの理由で商品が作れなくなった、活動を続けられない致し方ない理由があったのなら、送り手の課題であり、受け入れるしかありませんが、単純に売れなくなったということは、買う人（ファン）が減ったということの裏返しです。

ファンであることは精神的な偏愛とともに、時間とお金を投じるという偏愛、または偏った投資といってもいいのかもしれません。経済がきちんと回ることが、いい商品やサービスが生き残る道だと（少なくとも今の資本主義社会においては）思います。

そのとき、ファンはとかく消費者として行動しがちですが、実は「送り手を支えている」のです。

私個人はこの構造を自覚したときに、ただのTシャツが、Tシャツの意味を超えて、私が好きなバンドの活動に微力ながら携わっているという満足感がありました。それはファンが金づるであるというよりも、偏愛を続けることは、好きなものを一緒に育て維持していく活動であり、ファンと送り手は同士だと自己認識することでもありました。

送り手も、ファンを「売る相手」「消費者」ではなく、「同士」ととらえる

ファンが自分がステークホルダーだと自覚すると同時に、送り手も同じ意識改革が

必要です。ファンはいつも買ってくれる人、利用してくれる人でもありますが、応援してくれる人でもあると考えてください。

　クラウドファンディングは投資を募る仕組みですが、ファンの「自分ごと」にさせ、ステイクホルダーにする仕組みと似ています。

　クラウドファンディングは、事業や商品のアイデアを実現するために支援者を募る、資金調達の手法です。投資を募ることは、すなわち最初に応援してくれる人を募集しているとも考えることができます。投資者はお金の投資を通じて、そのアイデアを支援しています。アイデアが実現したら、投資者は「このアイデアが実現したのも、自分が支援したか

［受け手も送り手を支えている］

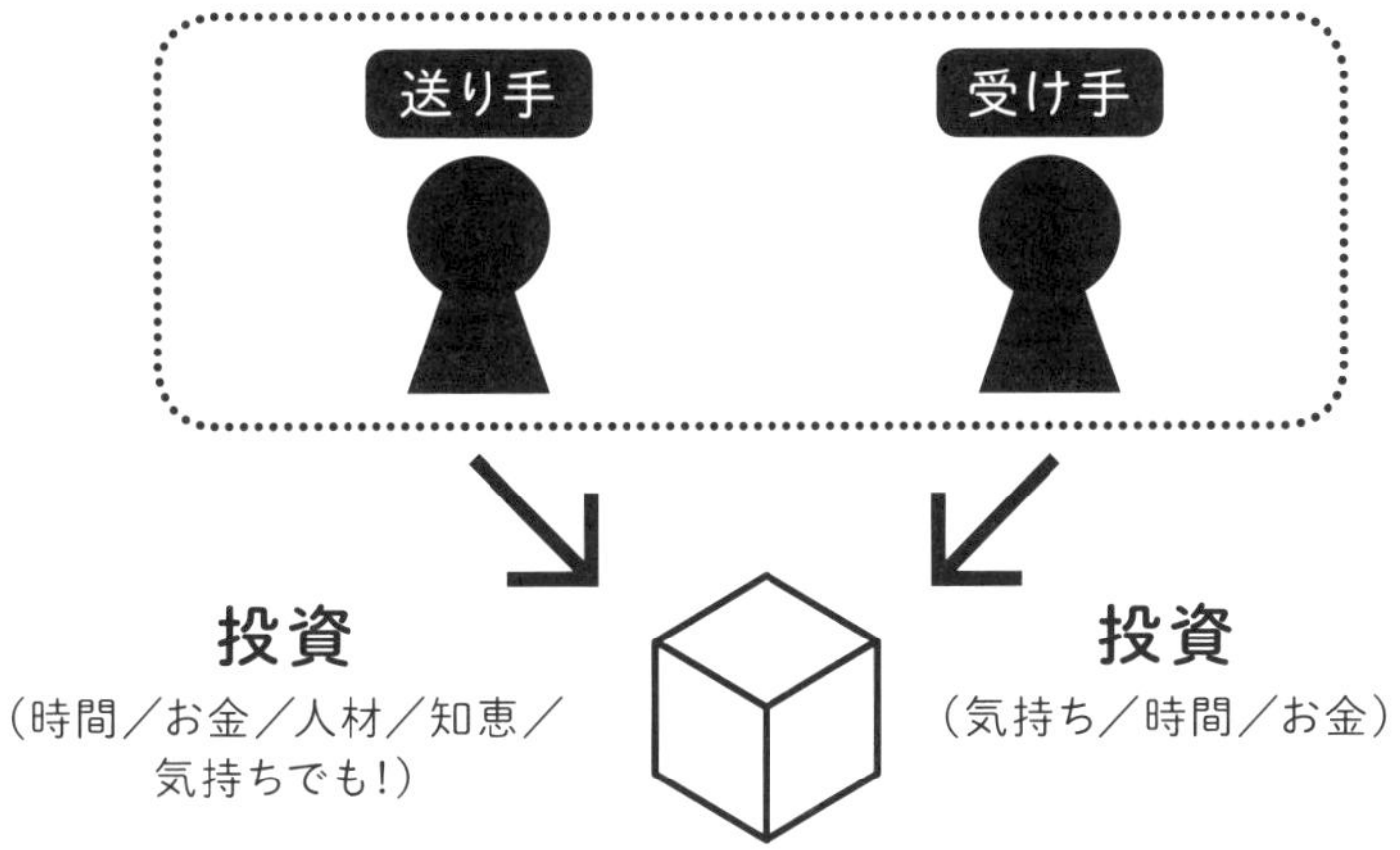

らだ」と胸を張ることができます。

アイドルや音楽の世界でも「メジャーデビューする前から自分が応援していたから」とおっしゃる方もいますが、それはまさに自分が育てた、自分がいっしょに売ってきたという気持ちを持つという、自分ごとスイッチが入っているからだと言えます。

ところで少し話はズレますが、歴史を重ねていくと、ファンの中には「最初から応援してたから偉い」「途中から入りにくい」という雰囲気が広まってしまうことがあります。

長く応援していないとだめなのかというと、まったくそんなことはありません。自分ごと化のタイミングは、いつでも大丈夫。ファンとは、次や未来に期待することですので、今から次に向けて偏愛を発揮していればいいと私は思っています。今日からでも自分ごとスイッチが入ればいいのです

いずれにせよ、送り手の皆さんは、ファンは売る相手であり、消費者でもありますが、ステイクホルダーであり支援をしてくれる人ととらえてください。さらに一歩進

めるならば、**商品やサービス、ブランドを一緒に育ててくれる「同士」**だと言ってもいいかもしれません。

同士だからこそ、時間をかけてコミュニケーションを取り、どうやって支援してほしいかを明確にし、成功した暁には一緒に祝ってください。一方的に押し付けるのではなく、同士と歩み、その距離の縮めていってください。

ファンにはフィードバックを

生産者と消費者の関係と、送り手と受け手（ファン）の違いは、一方通行か、フィードバックがあるかどうかです。フィードバックをすることによってファン側に「あなたもステー

［送り手と受け手の関係にはフィードバックがあるとうまくいく］

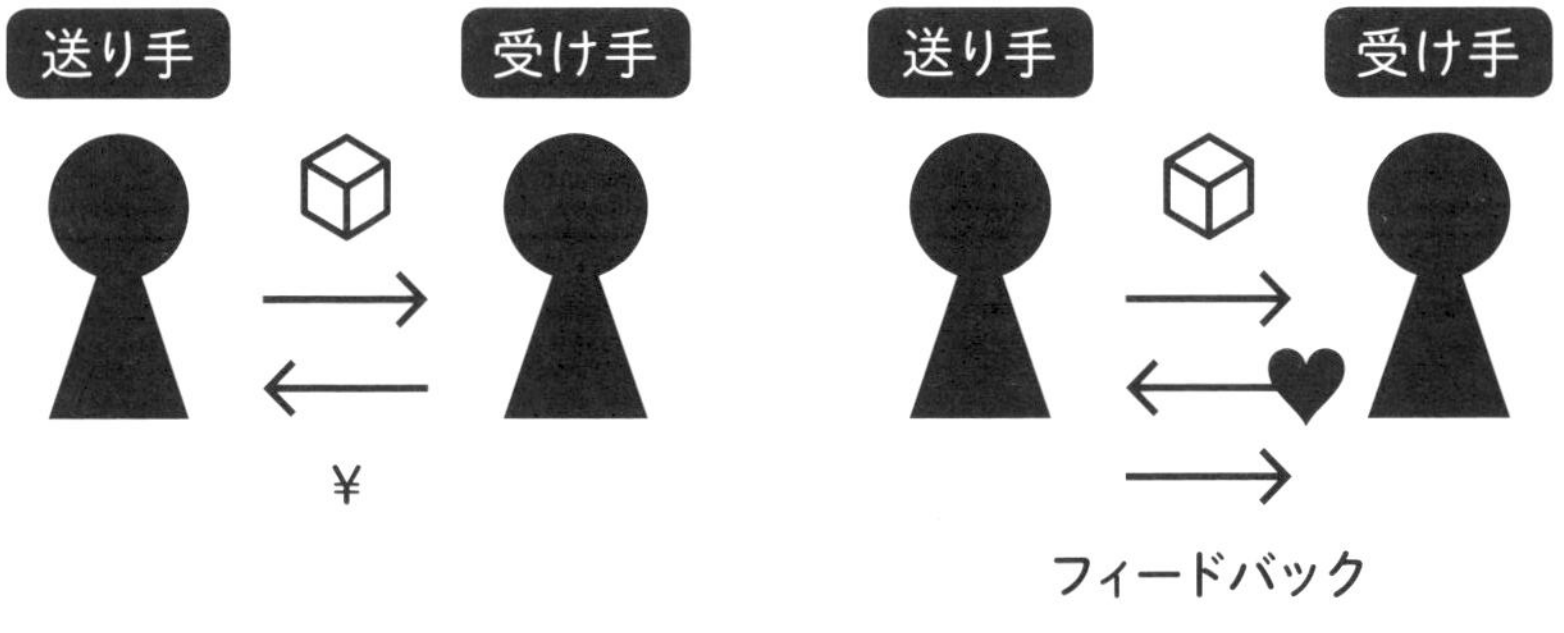

クホルダーとしてかかわっているんだ」「あなたもこの活動を支えてくれている」と認識してもらうことが必要なのです。

一番単純なフィードバックは、「いつも応援してくれてありがとう」とメッセージを送ることです。古典的な手法ですが、感謝の手紙を送るのでもいいかもしれません。あるいは何かの機会で「いつも支えてくれてありがとう」と直接お伝えするのもフィードバックの一つです。

フィードバックの進化形は「可視化」

もちろん感謝の気持ちを伝えたとしても、人間それだけでは「自分ごと」まで進むのは難しいことも事実です。やはり何らかの形でファンになることのメリットがあり、投じた偏愛がなんらかの形で戻ってくるほうが印象に残り、支援のしがいを感じやすいです。

そしてここでのポイントは可視化です。

送り手が「いつもありがとうと思っている」と念じていても、ファンには伝わりません！（それは普通の人間関係でも同じですよね…？）

ファンの偏愛を「受け止めているよ！」と見えるようにし、そこに感謝の意を示すことです。

可視化をする具体的な例は人気投票や総選挙です。ファンが選ぶことで自分ごとになり、その結果をファンにフィードバックをするタイプの施策です。

私が以前担当していた事例ではセブン&アイのプライベートブランド「セブンプレミアム」があります。コンビニエンスストアのセブン‐イレブンや、スーパーのイトーヨーカドーなどで見かけたことがある方も多いのではないでしょうか。ヒット商品が多く、ネットでは「この商品おいしい」など局地的に話題になっているアイテムがたくさんあります。私が担当していた2015年段階では、多くの人が買ってくれていて成功していたものの、ファンとして固定しているかどうかは不明で、お客様とのつながりは多くありませんでした。

　そこで元々あったコミュニティサイトを強化し、お客様のお気に入りランキングの公開、お客様の声をきくモニターや、お客様どうしがお気に入りの商品を紹介する掲示板などのページを開設しました。またお客様が選ぶ総選挙などをおこないました。

　全体的にお客様がこんな商品を選んでくれているということを可視化することを意識したつくりになっており、さらにモニターや会員限定のプレゼントなどのメリットを設定しています。

　その効果として、ひとつには「セブンプレミアムはユーザーの声を聞いてくれているん

［セブン&アイ HLDGS.「セブンプレミアム向上委員会」］

人気商品ランキング

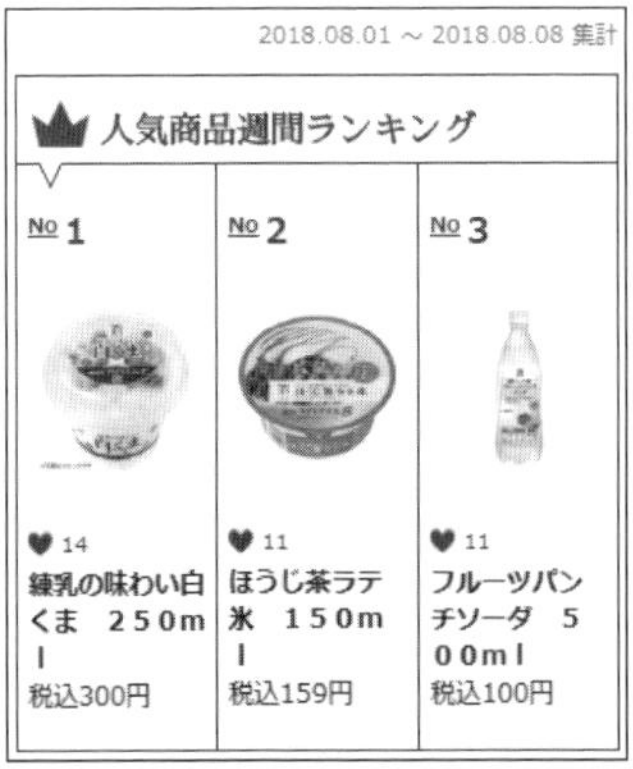

向上委員会とは

※2018年8月時点の情報です

だ」というファン側の満足感。そしてお気に入りランキングなどを見ると「自分の好きな商品はみんなも好きなんだ」という納得感があります。よりブランドとの距離が近づき、自分が買っているものに納得でき、ファンでいることのメリットも得られるということ目指しました。

実際に、この向上委員会サイトの会員様は、一般のユーザーに比べて購入単価が1．5倍と高くなっています。セブンプレミアムをよく購入してくれる、ロイヤルユーザーだと言えます（※）。

ほかにも、プロ野球の球団やサッカーチームなどがサポーターを招いてファン感謝デーなどをしていますが、これも特別なイベント

総選挙

商品モニター

※2018年7月の1か月におけるナナコ会員全体との比較。セブン＆アイHLDGS調べ

とわかりやすく形になっている＝可視化です。ファンに向けて感謝を示すことを、ファンしか見られないというメリットをつけて提供しています。

苦楽を共にしよう。辛いときは声をあげよう。本当のファンは助けてくれる。

ファンがファンとしての真価を発揮するのは逆境のときです。逆境にきちんと声をあげれば、自分ごとになっているファンは何らかの形で関与したいと思います。

それでもどんどんファンが離れていくならば、それまでのフィードバックが足りなかったのか、あるいは送り手側の商品やサービスに何か足りていないのかもしれません。その場合は提供しているものを見直し、今一度ファンと向き合うときです。

まとめ

Q どうしたら自走してくれるのか？
A ファンもステークホルダーだと気づかせる
自分ごとスイッチを入れよう

送り手側が生産者、受け手側が消費者という関係性ではなく、
お互い一緒に育てていく関係だととらえられるようにする

自分ごとスイッチの入れ方

・基本はフィードバック。
・ファンでいることのメリットと感謝を可視化する

第6章 どうしたらファンを増やせるのか

◀ 今いるファンのスイッチを
押すことでできることがあります

回答：

「拡散スイッチ」で拡げよう

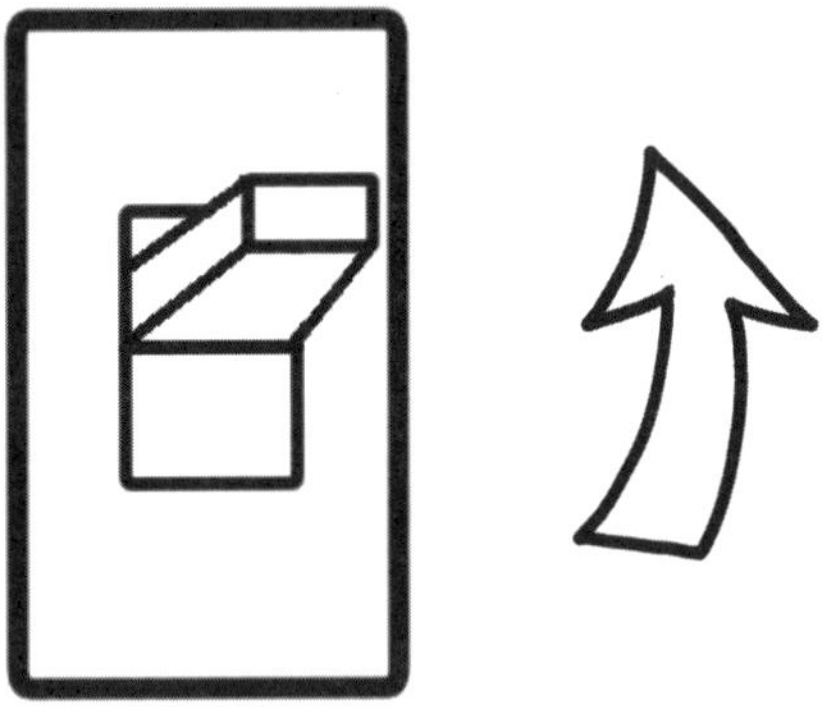

拡散スイッチの話

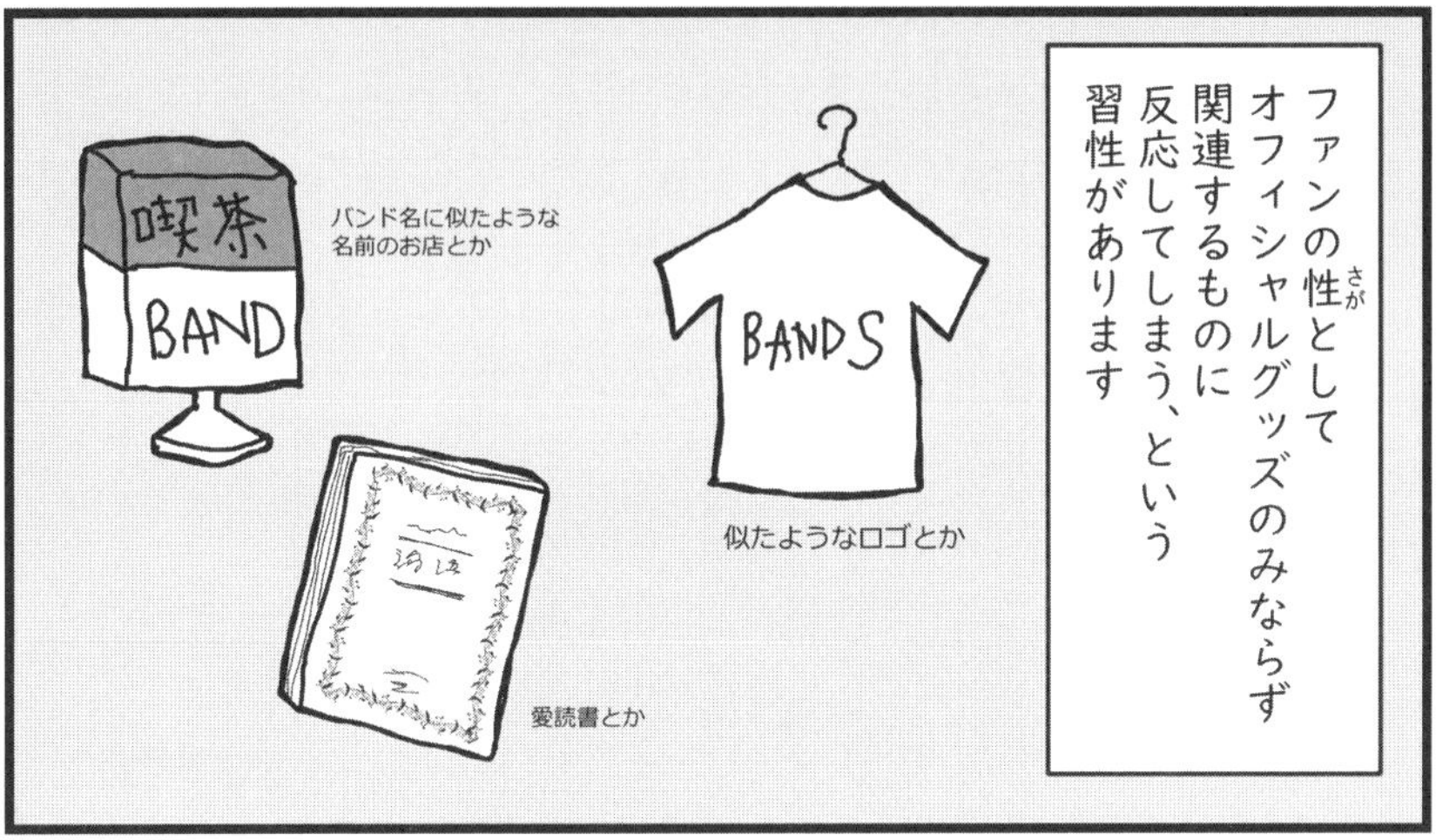
ファンの性《さが》として
オフィシャルグッズのみならず
関連するものに
反応してしまう、という
習性があります
喫茶
BAND
バンド名に似たような
名前のお店とか
BANDS
似たようなロゴとか
愛読書とか

ある日いつものように
＃《ハッシュタグ》検索をしていると
#BAND
検索

某アニメのフィギュアが
私の好きなアーティストに
似ているという書き込みがありまして
ぬおお…
かわいい…
@abcdefg
似てませんか？
フィギュア
アーティスト

ECサイトで
「残り一つ」と
見たところで
即ポチ

まあまあなお値段だと
気づいたときは
一瞬後悔したのですが…
くっ…
いざ後日
開けてみると
なんとまあ
本当に
アーティストに似ている!
脳内イメージとしては
かぐや姫の登場くらいの
ぴかぴか感

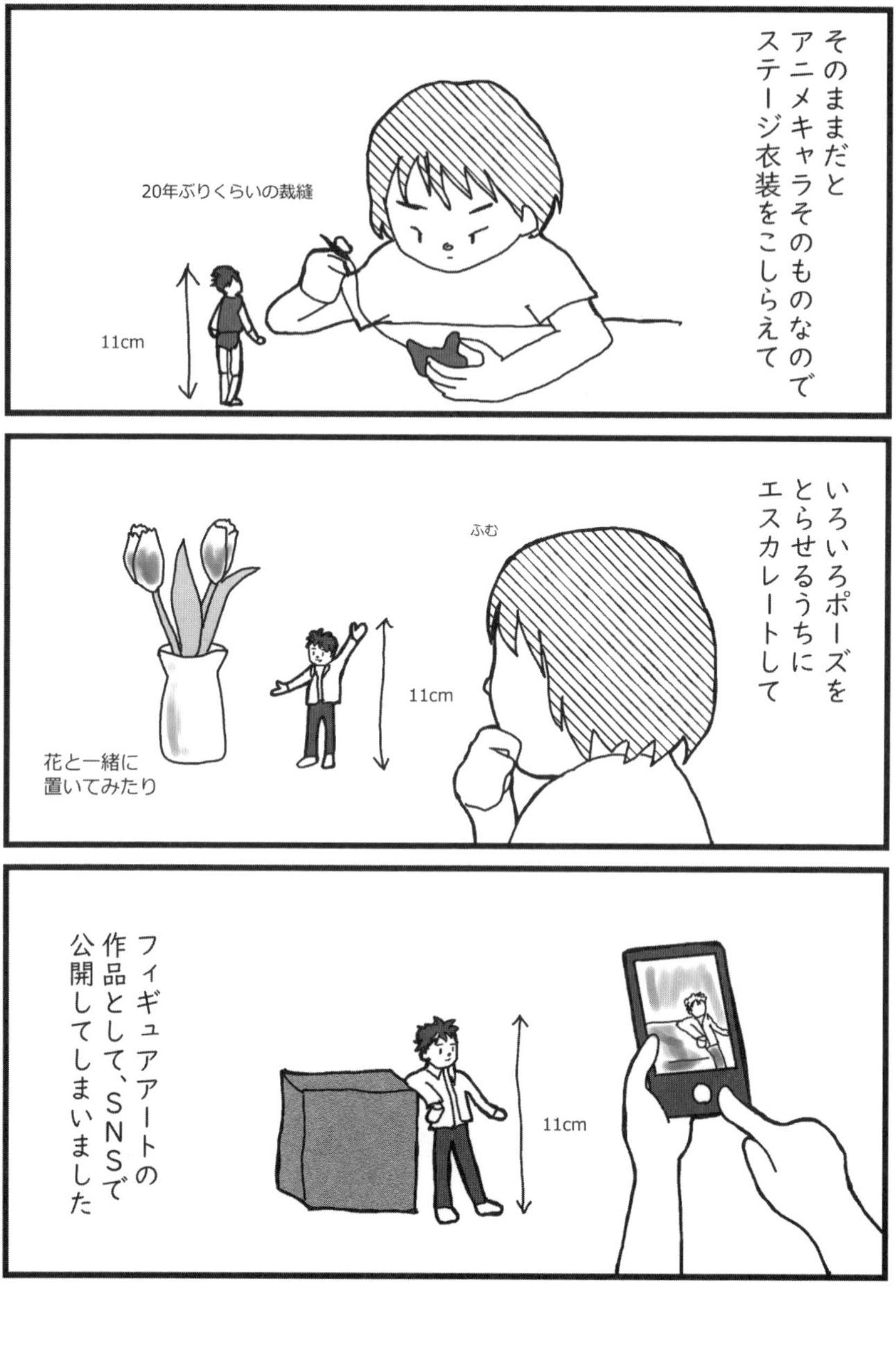
そのままだと
アニメキャラそのものなので
ステージ衣装をこしらえて
20年ぶりくらいの裁縫
11cm
いろいろポーズを
とらせるうちに
エスカレートして
ふむ
11cm
花と一緒に
置いてみたり
フィギュアアートの
作品として、SNSで
公開してしまいました
11cm

まさか自分がこんな
「二次創作」をするように
なるとは思いませんでしたが

Album
BAND
ALBUM
BAND

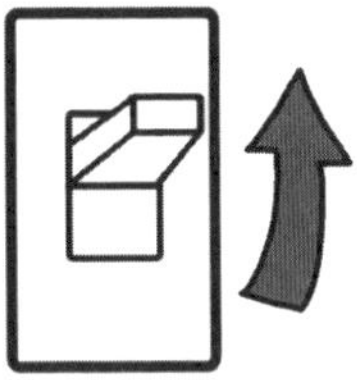

いいねがつくと嬉しいし
もっと撮ろうと
思ってしまいます

ただ、こんな撮影風景を
家族に見られたときは
どうかと思いましたが。
おお！
かわいい！
いいねえ
はっ

解説：

拡散スイッチとは、ファンが能動的に参加し、広がっていくことである。

ファンもここまでくると「勝手に宣伝隊長」か、というツッコミが聞こえてきそうです。恥ずかしながらそういう側面もありますが、一方で私の周囲の人の中にも、私に感化されてファンになった人がいます。

既存ファンが能動的に行動することで、新しいファンを増やすことにつながる。それは成功事例なのではないでしょうか。

理想はファンがファンを呼ぶ状況

最初のお悩みにあったとおり、送り手がうまくビジネスを続けるためにはファンはある程度のボリュームが必要で、そのためには一定数までファンを増やす必要があります。

でも、本当はコストも手間もかけたくない…というのが本音だと思います。

理想は、ファンがファンを勝手に呼ぶ状況…と誰もが思います。

もちろん勝手にファンが増えるような万能なスイッチはありませんので、真摯に一人ずつつながっていくことは必要です。

でも拡散スイッチを押すことで、ファンが増えていきやすい状況を作ることはできます。またのちほど解説しますが、新しいファン予備群へアプローチできると、元のファンの偏愛度をあげる副次的効果もあります。

私のケースでは偏愛が暴走して、フィギュア写真を撮るまでに至りましたが、ファン愛や創作意欲から新しいクリエーティブ活動をする「二次創作」は、いろいろなカテゴリーで見られます。

ここでは二次創作そのものではなく、二次創作のように能動的に参加することがスイッチを入れ、さらに新しいファンを呼ぶ現象として考えています。

ちなみに、二次創作は漫画やアニメなどの同人誌などは特に有名です。この「二次創作」は、マーケターにとってはファンが盛り上がっていることの証であり、嬉しいことであると同時に、権利の問題やブランドイメージの問題もあり、ときには苦々しい存在のときもあります。

背景にあるのはコト消費へのシフト

なぜそもそも能動的な参加が偏愛度を高めるのか。

その背景にあるのが「モノ消費からコト消費へ」といわれる消費スタイルや価値観の変化です。おおまかに言うと、モノを買うことで満足していた人々の価値観が、豊かになり消費スタイルが成熟した今、より使ったときや買うときの得られる体験の価値（コト）を重視するようになったという現象です。狭くは趣味やサービスにお金を使うことを指すこともあります。

たとえば、音楽ビジネスを見てもソフトウェアの市場規模は右肩下がりであるのに対して、ライブエンターテインメントは伸びています。音楽そのものを買うことから体験とセットで楽しむスタイルへと変化しているのがわかります。

ヒット商品が出ない、若者がお金を使わないなどとも言われますが、実際に音楽フェスなどに行くと、好きなミュージシャンのグッズを買うだけでなく、フェスのTシャツを仲間同士で買っているのをよく見かけます。その数日間しか使えないものだとしても体験を盛り上げるグッズを買うのは、決してお金を使わないのではなく、「コト」にはお金を使う心情の表れのひとつです。

コト消費のキモは「能動的参加感」

コト消費＝体験型にすればいいんだ、じゃあイベントでもやろうか、という視点だけで

［音楽ビジネスの市場規模推移］

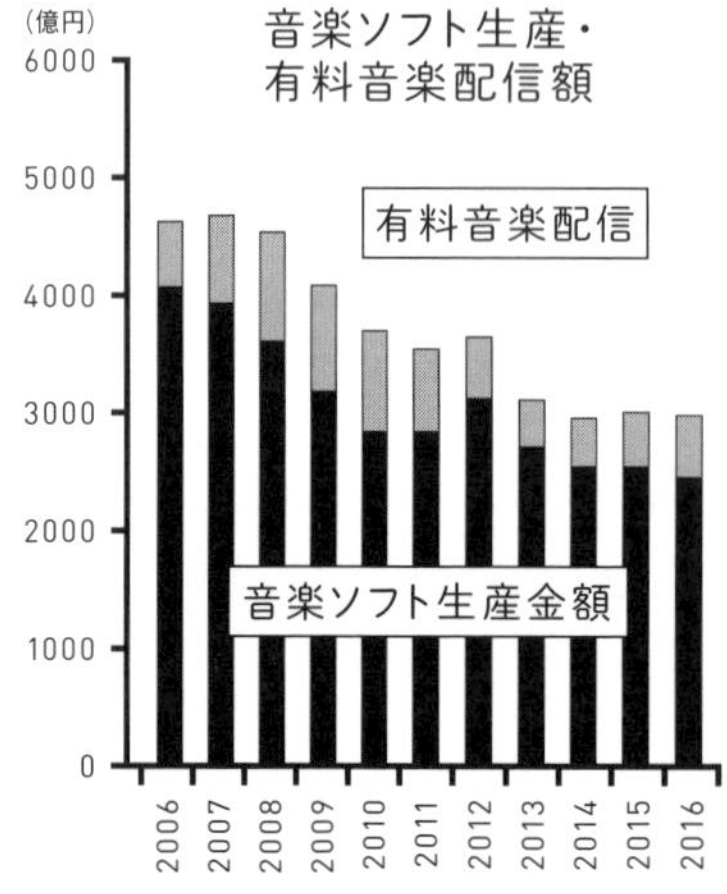

(出典)一般社団法人日本レコード協会
「日本のレコード産業2017」

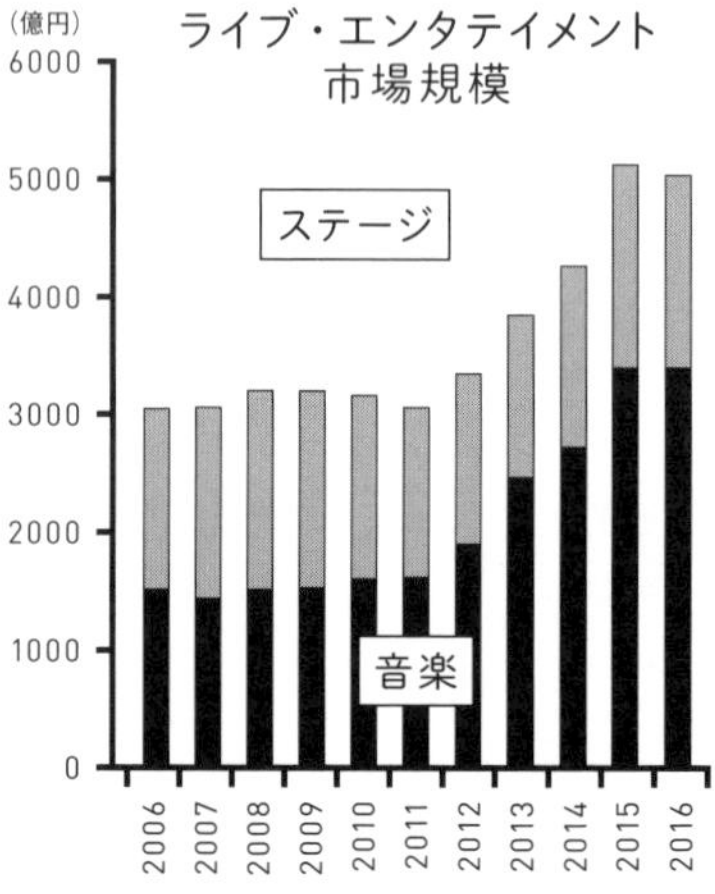

(出典)ライブ・エンタテインメント白書調査委員会
「ライブ・エンタテインメント白書2016」

は、人は動きません。受け身で参加するだけの体験は、消費するのが形のあるものか無いものかの違いだけになってしまいます。**同じコトでも、受け手みずからが能動的に動き、自分が参加した充実感があるか、自分のための出来事だ、と感じられるか**、を重視しています。

ネットを利用すれば、「能動的参加」も作りやすいのが今の時代です。

たとえば私が何度かお手伝いさせていただいている日本マクドナルドではTwitterやアプリでファンとコンスタントにつながっています。SNSのフォロワーやアプリをダウン

［日本マクドナルド「二代目月見バーガー」キャンペーン開始前のTwitter投稿（2017/8/30）］

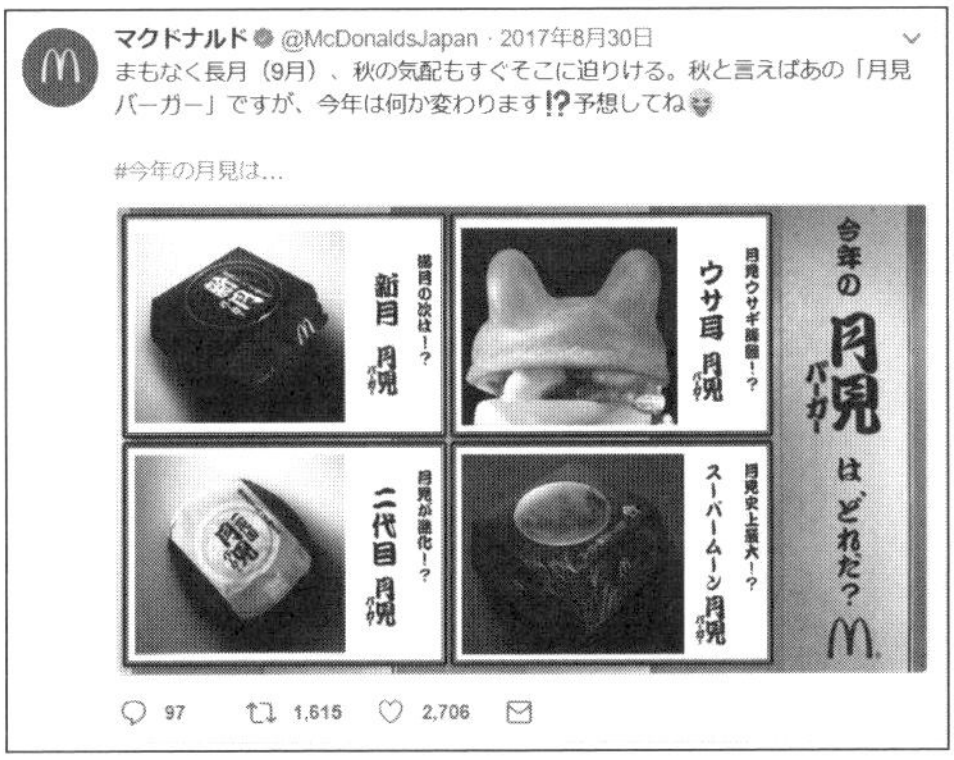

ロードしてくれた人は、好意を持ってくれて、情報が届くのを受け入れてくれる利用者ですので、ファン、ファン予備群と言えます。

マクドナルドでは、拡散する性質のあるTwitterについては、マクドナルドファンから火をつけて、さらにそこから広がるように常に仕掛けています。

ひと昔前であれば、テレビCMで話題になるようなことを仕掛け、口コミを起こそう、という順番で発想していました。その手法も時と場合によっては間違いではありません。

しかし、SNSでファンと直接つながり、またその量がマスメディアと言える規模にまで成長している今、新製品や新しいキャンペーン

［日本マクドナルド「ダブチを超えろ！」キャンペーン開始前のTwitter投稿（2018/1/5）］

ペーンに最初に反応するのはSNS上のファンであり、ファンから広がっていくことが多いのです。

とくにマクドナルドは若い人を中心とした年齢層のファンが多く、このようなSNSを使った火のつけ方が向いていたとも言えます。

たとえば2017年に発売26年目を迎えたロングセラー「月見バーガー」は味をリニューアルしましたが、その告知のために、テレビCMの前にTwitter上で「26年目の何が変わる?」とお客様にちょっとしたクイズを出しています。ボタンひとつで答えられる簡単なものですが、月見ファンは「これはないだろう!」「これはあり得るかな」と気楽にクイズに答える形で能動的に参加してくれています。

マクドナルドのキャンペーンがさらに面白いところは、能動的に参加してくれたファンが「いいね!」と反応するだけでなく、そこから拡散が起きることです。いわゆる「シェア」ですが、これについては次の項目で検証します。

他のキャンペーンでも同じようにファンが能動的に参加し、拡散する仕掛けになっています。2018年1月の「ダブチを超えろ!」キャンペーンでは、昨年の総選挙で一位になったダブルチーズバーガー(ダブチ)に挑戦する他のハンバーガー群がありました。有名人をはじめいろいろな人が二つの商品を食べ比べる動画があり、ダブチを超えたと思ったらリツイート(引用拡散)をしてねと呼びかけるものでした。

これらの投稿で起きたことは、商品そのままの広告を見せるのではなく、クイズだったり意見を聞いたりする形をとることで、ファンが自分の意見を言ったり、ツッコんだりして、「能動的参加」ができたことです。楽しく参加することを通じて結果的にはモノに興味を持ち、お店に行ってみようかなという気分にまで引き上げることができました。

「コトを買って」「お金を出して」とメッセージを送るだけではファンが受け身に終わってしまう可能性もあります。コト消費という考え方は大きくは現代の流れに沿ってはいるものの、意識すべきはファン自身が能動的にアクションを起こすことです。そのほうがファン育成にはつながると思います。

ライトからヘビーまで存在する「能動的参加」

では「能動的参加」にはどんなものがあるのか。

先ほどのマクドナルドのケースは、「いいね」やリツイート、つまりボタンひとつで参加するタイプの施策でした。

「ボタンひとつが参加？」とそんなに簡単なものも参加なのか、と思われるかもしれませんが、ライトな方法からヘビーなものまでさまざまあります。イベントやファンクラブに参加するような時間も肉体的負担も大きい参加アクションから、ネット上で「ツッコみた

［ファンの「能動的参加」の種類］

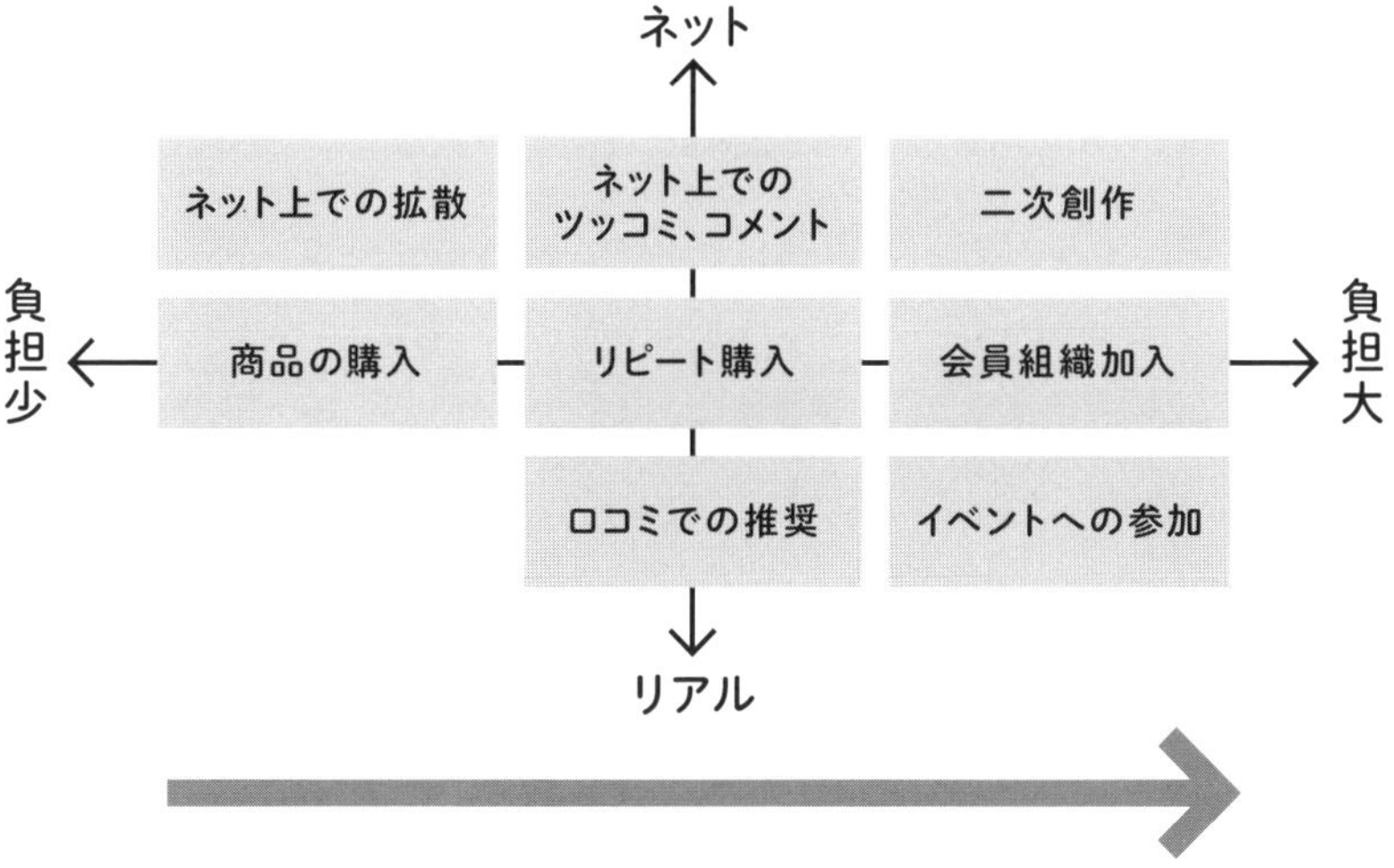

い」「友達にちょっと話したい」「私も乗っかりたい」とすぐ行動を起こせる行動も、参加の一種です。

前ページの図のようにいろいろな種類がありますが、いきなりファンクラブに入らせるのは無理があります。ですが、より負担の大きなアクションを取る人のほうが偏愛度は高いと推測できますので、始まりはライトなアクションだとしても、最終的に負担の大きいアクション（図の右方向）に楽しみながら参加してもらえるようになるのが理想です。

ちなみに第1章で書きましたが、商品を買うことが偏愛でない可能性もあり、買ってくれる人がファンだとは一概に言えません。買うだけであれば関与の度合いは低いため、決して「購入＝ファン」ではないことにご留意ください。

参加させた次のステップは拡散（シェア）でファン予備群にリーチすること

ファンの行動を見ていると、さらにその先に「シェア」があります。つまり自分が得た情報や参加したことなどを他人と共有したい、という欲求です。もちろん自分が見つけた大事なことをこっそりしまっておきたいとか、人に言うのが恥ずかしいという気持ちがある場合もありますが、せっかく体験したことを他の人にも見せたい、「それはいいね」と同意を得たいという気持ちも多くあります。

その人たちにその体験や参加した楽しさを、周囲に拡散してもらえれば、新しいファン予備群にリーチする可能性が高いです。つまりファン自身がメディア（媒体）となって、情報を伝播してくれるという理想形です。

先ほどのマクドナルドのケースはまさに参加の次に拡散がある例です。Twitter のリツイート機能を使い、ファンが読んだ投稿を自分の友達にも紹介したい場合にボタンをひとつを押すと引用されて拡散されました。

拡散しやすい状況を作る

ファンは楽しかったという体験を、口コミにせよSNSにせよ記録に残し発信することが多いです（下図の②）。

しかし、イベントに参加者が口コミをしてくれなかった…などのマーケターの声をよく聞きますが、そもそもお呼びしたのが拡散するタイプのファンであったか、あるいは拡散を推奨するなどの事前準備をしたかもチェック項目です。

また、ブランドやコンテンツが提供するのは、自慢したくなるような情報であるか（左図の①②）も重要です。たとえば同じコンテ

［参加の拡散］

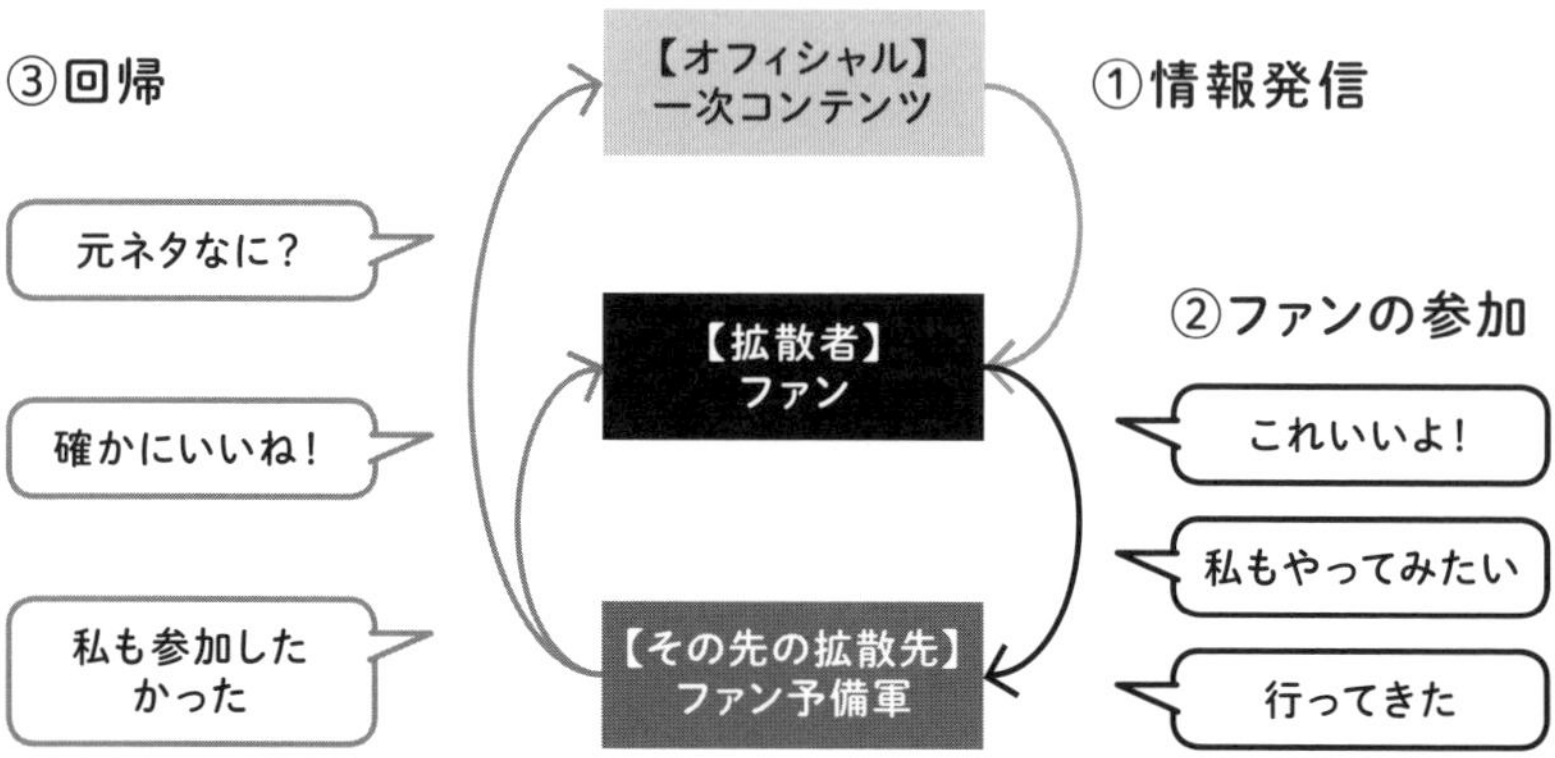

ンツを全国巡業で上映している上映会と一夜限りのライブなら、どちらがより拡散しやすいかは明らかに後者ですよね。また、「これはどんどん広めてください」とオフィシャル側から伝えるのも、シャイなファンが多い場合は有効です。広めやすいネタや状況をまず作るのが非常に重要です。

拡散は一方通行ではなく循環する

このように偏愛度の高いファンの情報が、新しいファン予備群に届くことまでは想像に難くないと思いますが、さらに面白いところは、一回拡散するだけでなく、その先への波

[仕掛けのポイント]

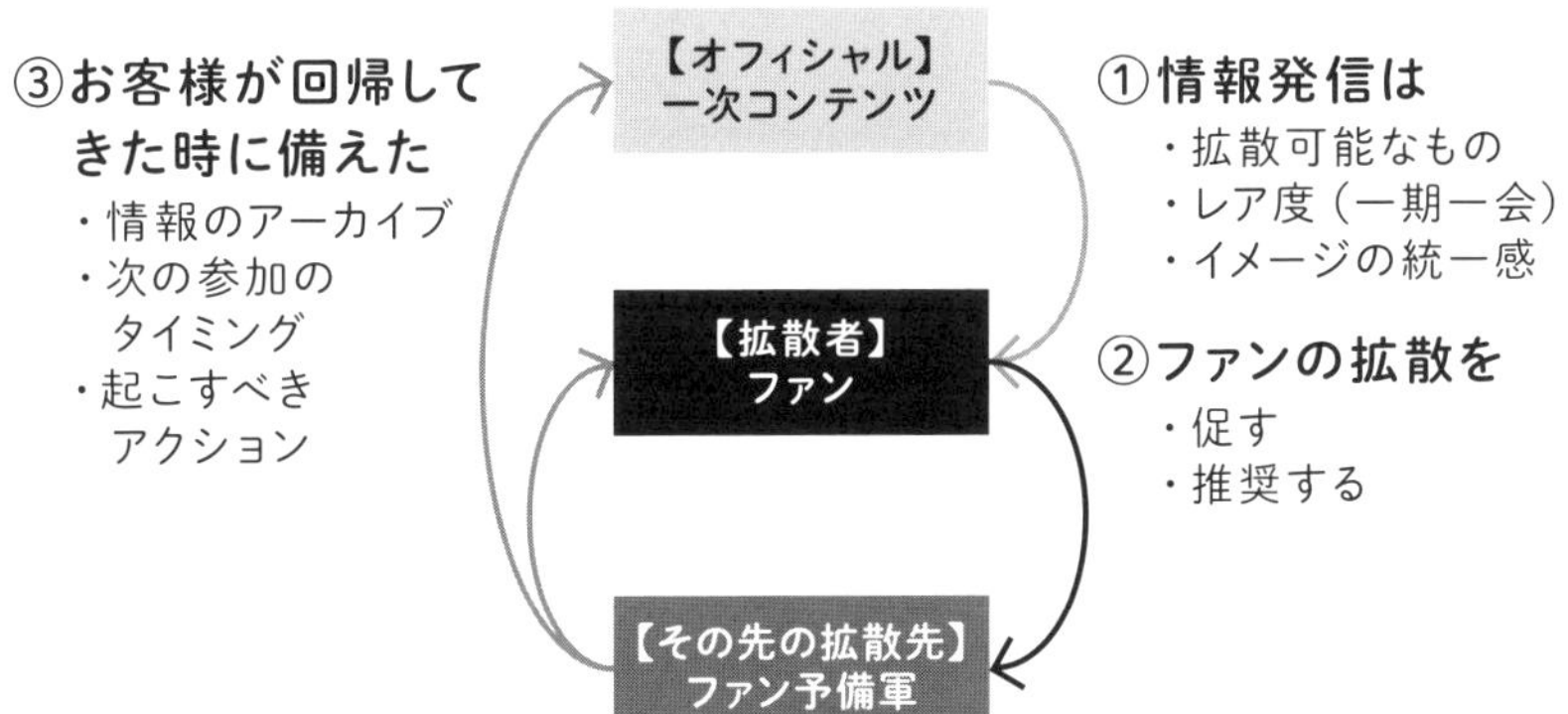
③お客様が回帰してきた時に備えた
・情報のアーカイブ
・次の参加のタイミング
・起こすべきアクション
【オフィシャル】
一次コンテンツ
①情報発信は
・拡散可能なもの
・レア度（一期一会）
・イメージの統一感
【拡散者】
ファン
②ファンの拡散を
・促す
・推奨する
【その先の拡散先】
ファン予備軍

及することと元ネタ（すなわち送り手の一次情報）に戻ってくる可能性があることです。つまりファンが循環してくるのです。

たとえば私がある音楽アルバムのカバー写真を模した写真を撮ると「これは何の写真だろう？」と興味を持ってくれる人が、元ネタを探して、発信元に回帰します。

しかしそこでせっかく来てくれたのに、何の新しい情報もないと「ふーん」で終わってしまいます。しっかりと整理した情報を見せること、次の参加に促すことで、ファンが灯してくれた新規ファンの火種を絶やさずつないでいくことが重要です。

拡散だけでなく循環することをにらんで、情報を準備しておくとすると、以下のようになります。

①情報発信のとき

・拡散されることを意識したもの
・レアな情報

・イメージの統一感（拡散された前後でイメージがぶれないように）

②ファンが拡散するとき

・拡散を促す（ＳＮＳの機能などを使う）
・拡散を推奨する（拡散することにメリットを設定しておく）

③回帰してきたとき

・情報をアーカイブしておく
・次の参加の告知
・起こすべきアクション（ＣＴＡ：コール・トゥ・アクション）を準備しておく

情報が循環すると発信元のファンの偏愛度もあがる

このぐるぐると回る「参加→拡散→循環」の盛り上がり自体、ファンがただのファンではなく、一緒に盛り上げている感覚を作り、さらなるファン度向上、次のファンの呼び水となります。

元のファンが情報を発信すると、それに対して「いいね」や「私も行きたかった」などと反応をします。そうすると発信した人は少し誇らしく思い、「行ってよかったな」「発言してよかったな」と満足します。それが続けば偏愛の維持につながります。

自分が満足するだけでなく、他の人が知ってくれたり楽しんでくれたりすることで、元々好きだったアーティストへの関心が高まることも喜びの一つです。私がSNSに投稿した写真を褒められたのに気をよくして、投稿を続けているのはまさにそういう現象です。

参加したことの情報が他の人に広がり、ポジティブな反応が返ってくると自分が認められただけでなく、一緒にブランドやコンテンツを盛り上げているような気分になります。その反応がまた偏愛度を高めるのです。

まとめ

Q　どうしたらファンが増やせるのか

A　ファンの参加を促し、そこからファン予備群へ伝播する拡散スイッチを押そう

・参加：ライトな参加からヘビーなものまであるが、SNSなどで気軽に参加できることがトレンド
　←
・拡散：拡散しやすい状況を作っておく
　←
・循環：ファン予備群は元ネタに戻ってくる
　←
・元のファンの偏愛度もアップ　認められてうれしい

あとがき

自分ではあたりまえだと思っていることに、実は大きなヒントが潜んでいることがあります。

私は二十年以上、無自覚にファン活動を楽しんできました。ライブに行くのも、Tシャツを毎年買うのもあたりまえ。なぜなら「好きだから」。

しかし他人からは「狂ってると言っても過言ではない」、「ある種のエクストリームな成功事例」に見えたそうです。

私の偏愛っぷりがマーケティングやコミュニケーションのヒントになりえるということに気づいたのはつい最近です。それも他の人に指摘されて、です。自分の中の「ファンとしての偏愛」を、プランナーとしての「分析と構築」視点で整理すれば、多くの方のビジネスの役に立てるのではないかと思い至り、本書にまとめました。

言ってみれば、「好き」という気持ちのなかには、たくさんのヒントが詰まっているのだと思います。

読んでくださった送り手や受け手の皆さんのなかにも、その気持ちはあるはずです。この本がきっかけになって、もっと素敵なものが世に送り出されて、あちこちで偏愛が高まったとしたら、こんなにうれしいことはありません。

事例にご協力いただいたクライアントをはじめとして、仕事を通じて出会った皆さまにこの場を借りて御礼申し上げます。また、時間のない中お力添えいただいたアートディレクターの小島さん、縁を作ってくれた水野さん、カテゴライズの大川さんと原さん、実業之日本社の大森さんがいなければこの本は実現できませんでした。ありがとうございました。

ファン活動を温かい目で見守ってくれている家族、そして二十年以上に渡り、明日もがんばろうというメッセージで私を支えてくれたアーティストおよび関係者の皆さんに感謝いたします。

石原夏子

著者プロフィール
石原夏子（いしはら・なつこ）
株式会社電通　クリエーティブ・ディレクター／コミュニケーション・デザイナー。1999年電通入社。ストラテジック・プランナーを経て、現在ではキャンペーンの戦略立案およびディレクションを担当。

装丁：小島洋介（株式会社電通）
本文デザイン：ピースデザインスタジオ

偏愛《へんあい》ストラテジー
ファンの心《こころ》に火《ひ》をつける6つのスイッチ

2018年10月10日　初版第1刷発行

著者　石原夏子《いしはらなつこ》
発行者　岩野裕一
発行所　株式会社実業之日本社
〒153-0044 東京都目黒区大橋1-5-1
クロスエアタワー 8階
電話　03-6809-0452（編集部）
03-6809-0495（販売部）
URL　http://www.j-n.co.jp/

印刷・製本　大日本印刷株式会社

ISBN978-4-408-33815-6（編集本部）